Polizeilicher Umgang mit psychisch gestörten Personen

Eine medienbasierte Einsatzanalyse

ISSN 1610-7500
ISBN 978-3-86676-709-6

Sophia Rühl

Polizeilicher Umgang mit psychisch gestörten Personen

Eine medienbasierte Einsatzanalyse

Schriftenreihe Polizei & Wissenschaft

ISSN 1610-7500
ISBN 978-3-86676-709-6

Verlag für Polizeiwissenschaft
Prof. Dr. Clemens Lorei

Bibliografische Information der Deutschen Nationalbibliothek
Die Deutsche Nationalbibliothek verzeichnet diese Publikation in der Deutschen Nationalbibliografie; detaillierte bibliografische Daten sind im Internet über http://dnb.d-nb.de abrufbar.

Verlag für Polizeiwissenschaft, Prof. Dr. Clemens Lorei
Eschersheimer Landstraße 508 • 60433 Frankfurt
Telefon/Telefax 0 69/51 37 54 • verlag@polizeiwissenschaft.de
www.polizeiwissenschaft.de

Printed in Germany

Vorwort

„Nicht die Dinge selbst beunruhigen uns,
sondern die Meinungen,
die wir über die Dinge haben.“

(Epiktet)

In meinem Beruf als Polizeikommissarin werde ich nahezu täglich mit Vorurteilen gegenüber der Polizei sowie mit eigenen Vorbehalten resultierend aus meinen Erfahrungen und meinem Wissen konfrontiert. Mit diesem Buch möchte ich den Vorurteilen gegenüber psychisch gestörten Personen entgegenwirken und Handlungsempfehlungen aufzeigen, um das Verständnis und die Interaktion von allen Beteiligten zu verbessern.

Ich danke ganz herzlich meinem Mann und meiner Familie für die Hilfe sowie den bedingungslosen Rückhalt.
Ich möchte mich weiterhin bei meinem Betreuer Prof. Dr. Feltes für die Unterstützung und die Förderung bedanken.

Inhaltsverzeichnis

Abbildungsverzeichnis

Tabellenverzeichnis

Abkürzungsverzeichnis

DEGS	Studie zur Gesundheit Erwachsener in Deutschland
DGPPN	Deutsche Gesellschaft für Psychiatrie und Psychotherapie, Psychosomatik und Nervenheilkunde e. V.
DSM-5	Diagnostiv and Statistical Menual of Mental Disorders
ICD-10	International Statistical Classification of Diseases and Related Health Problems
IVW	Informationsgesellschaft zur Feststellung der Verbreitung von Werbeträgern e. V.
PsychKG	Psychisch-Kranken-Gesetz
RSG	Reizstoffsprühgerät
SEK	Sondereinsatzkommando
WHO	World Health Organization

1. Einleitung

Im Jahr 2019 schockierte der tödliche Angriff mit einem Messer auf den Mediziner Fritz von Weizsäcker ganz Deutschland. Ein psychisch gestörter Mann attackierte ihn aufgrund von jahrelangen Wahnvorstellungen und Verschwörungstheorien.[1] Ebenso entsetzte der Tod eines 8-Jährigen die Bevölkerung, nachdem dieser von einem geistig gestörten Mann vor einen einfahrenden Zug gestoßen wurde.[2] Diese Ereignisse sorgten bundesweit für Fassungslosigkeit, Trauer und Furcht vor Personen mit einer derartigen Erkrankung. Solche Vorfälle können zur Stigmatisierung von psychisch gestörten Menschen und damit verbunden zur Entstehung von Angstgefühlen aufgrund der Unberechenbarkeit und Gefährlichkeit führen.[3]

In Bezug auf den polizeilichen Umgang mit psychisch auffälligen Menschen wurde bspw. ein Fall aus Stuttgart überregional bekannt. Bei der Verkehrsunfallaufnahme bedrohte ein Mann die Polizeibeamten[4] mit einem Schwert. Als dieser die Beamten angriff, setzten sie zunächst ein Reizstoffsprühgerät (RSG) ein, jedoch erzielte dies nicht die erhoffte Wirkung der Angriffsunfähigkeit. Um die Gefahr abzuwenden, schossen die Beamten mehrfach auf den Angreifer. Er verstarb weniger Tage später in einem Krankenhaus.[5]

Diese Beispiele verdeutlichen, dass selbst bei Einsätzen wie einem Verkehrsunfall die Polizistinnen und Polizisten nicht wissen können, welche und wie viele Personen sich in welcher psychischen Verfassung vor Ort befinden und welche Gefahr von diesen ausgehen kann. Es stellt sich heraus, dass auch durch das Einsatzstichwort und die bisherigen Informationen zu dem Sachverhalt Polizeikräfte zum Teil nicht abschätzen können, zu welcher Situation und Konstellation sie am Einsatzort hinzukommen. Dies zeigt der Vorfall mit dem Einsatzstichwort Verkehrsunfall bei welchem die Beamten mit einem Schwert angegriffen wurden eindrücklich. Im Einsatz bemerken diese in einer Vielzahl von Fällen psychische Auffälligkeiten bei der betroffenen Person, welche vor Ort nicht näher klassifiziert werden können.

---

[1] Vgl. Siemens 2019, o. S.

[2] Vgl. Preker 2019, o. S.

[3] Vgl. Finzen 2013, S. 46.

[4] Aus Gründen der einfacheren Lesbarkeit wurde zum Teil die männliche Form gewählt. Dies impliziert jedoch keine Benachteiligung der weiteren Geschlechter, sondern soll im Sinne der sprachlichen Vereinfachung als geschlechtsneutral zu verstehen sein.

[5] Vgl. Jauering 2019, o. S.

Viele Einsatzlagen mit psychisch Auffälligen können durch ruhiges Vorgehen, angepasste Kommunikation, aktives Zuhören und größerem Abstand als bei anderen Menschen friedlich gelöst werden. Das Bewusstsein über spezifische Bedürfnisse bei psychisch auffälligen Personen, wie beruhigende verbale und nonverbale Kommunikation sowie große Distanz, ist dabei entscheidend.[6]
Weiterhin ist das Wissen notwendig, dass sich solche Personen teilweise häufiger und schneller bedroht fühlen sowie andere Denkweisen und Realitätswahrnehmungen aufweisen. Außerdem können verschiedene nicht stringente Ängste und eine geringere Frustrationsschwelle auftreten.[7]
Aufgrund von verschiedenen Faktoren können plötzlich fremd- oder autoaggressiven Handlung stattfinden. Ein elementares polizeiliches Ziel ist es die Gefahren für die betroffene Person, weitere Menschen und für die eingesetzten Beamten selbst zu minimieren und eine Deeskalation der Situation herbeizuführen. Durch eine andere Realitätswahrnehmung können jedoch psychisch auffällige Personen zum Teil die Anweisungen der Beamten nicht erfassen und darauf den Erwartungen entsprechend reagieren.[8]
Bei einer weiteren Zuspitzung oder einem Angriff können die Beamten teilweise nur mit unmittelbarem Zwang in Form von körperlicher Gewalt, einem Reizstoffsprühgerät oder einem Distanz-Elektroimpulsgerät reagieren, um die Gefahr abzuwenden. Als letztes Mittel und nur unter Wahrung der gesetzlichen Voraussetzungen ist der Einsatz der Schusswaffe legitim.[9]
Laut Diederichs ereignet sich ein relativ hoher Anteil an polizeilichen Schusswaffengebräuchen bei Einsätzen mit psychisch auffälligen Personen. Dies belegen die bundesweiten Zahlen für die tödliche Schussabgabe auf Menschen aus den Jahren von 2009 bis 2013. In diesem Zeitraum wurden 38 Personen bei Polizeieinsätzen erschossen und ca. 60 % wiesen eine psychische Erkrankung auf.[10]
Im Jahr 2018 wurden, basierend auf den Auswertungen der Deutschen Hochschule der Polizei, elf Menschen durch den polizeilichen Einsatz der Schusswaffe tödlich verletzt und 34 verwundet. Im Jahr 2019 wurden 15 Personen durch die hoheitliche Schussabgabe getötet und 30 Personen verletzt. Die Mehrzahl aller polizeilichen Schüsse wurden im Jahr 2019 aufgrund von Notwehr- und Nothilfesituationen mit einer Gefahr für Leib oder Leben abgeben. Bei den aktuellen

[6] Vgl. Meltzer 2015, S. 4ff.
[7] Vgl. Füllgrabe 2011, S. 28ff.
[8] Vgl. Feltes und Alex 2020, S. 280ff.
[9] Vgl. Thiel 2018, S. 242.
[10] Vgl. Diederichs 2015, S. 10f.

Fallzahlen sind keine Angaben über eine psychische Störung vorhanden.[11]

Jedoch gab es laut Feltes und Alex in einer Vielzahl von Fällen Hinweise auf psychische Auffälligkeiten. In der Polizeiwissenschaft wird der Einsatz mit derartig auffälligen Personen und die Möglichkeit von schwerwiegenden Folgen seit mehreren Jahren thematisiert. Verschiedene Veröffentlichungen befassen sich zum einen mit der rechtlichen Bewertung oder zum anderen nahezu ausschließlich mit den kommunikativen Aspekten der Interaktion.[12]

Jedoch kann die Forschung nicht auf valide Daten zu polizeilichen Einsätzen mit psychisch gestörten Personen zurückgreifen, da diese nicht umfassend dokumentiert oder durch die Behörden nicht öffentlich zur Verfügung gestellt werden. Auch der Anteil an Straftaten durch psychisch kranke Personen wird bspw. nicht in der polizeilichen Kriminalstatistik gesondert registriert.[13]

In Deutschland basieren bisherige Untersuchungen daher häufig auf Befragungen von Betroffenen und Polizeibeamten, allerdings sind diese immer mit subjektiven Verzerrungen verknüpft. Weiterhin können auf epidemiologische Daten bezüglich psychischer Störungen und Studien aus dem Ausland zurückgegriffen werden.[14]

Durch die internationalen Untersuchungen von staatlichen Stellen und insbesondere unabhängigen Forschungsinstituten wird die hohe Relevanz von polizeilichen Einsätzen und den Schusswaffengebräuchen im Zusammenhang mit psychisch gestörten Personen belegt. Daraus ergibt sich die Forderung nach einer Erfassungsstelle von Polizeieinsätzen und -gewalt hinsichtlich dieser Thematik in Deutschland, um durch die Analyse angepasste Verhaltensempfehlungen und Schulungen zu entwickeln.[15]

Die Erkenntnisse über die unterschiedlichen Störungsformen und Einsatzverläufe mit möglichen zur Eskalation beitragenden Faktoren sind von besonderem Interesse für die zukünftige Einsatzbewältigung und den Eigenschutz. In der vorliegenden Masterarbeit soll daher in Bezug auf diesen Informationsmangel die Frage untersucht werden, welche Verhaltensweisen zu polizeilichen Einsätzen führen und mit welchen Formen von psychischen Störungen Polizeibeamte in Einsätzen konfrontiert werden. Durch eine Medienanalyse sollen sowohl die Einsatzanlässe und die Hinweise auf eine psychische Störung als auch die Probleme bei der Interkation identifiziert werden. Die

[11] Vgl. Lorei 2020, S. 3ff.

[12] Vgl. Feltes und Alex 2020, S. 280f.

[13] Vgl. Hermanutz 1999, S. 67ff.; Litzcke 2003, S. 23f.

[14] Vgl. Finzen 2014, S. 11ff.

[15] Vgl. Finzen 2014, S. 13.

Untersuchung dient dem Erkenntnisgewinn über die Verhaltensweisen von psychisch kranken Menschen in Form von friedlichen oder gewalttätigen Handlungen gegen Personen oder Sachen. Zusätzlich wird untersucht, welches Verhalten die Betroffenen bei dem Eintreffen und der Interaktion mit Polizeibeamten zeigen. Darauf folgt die Analyse, ob zum einen eine Korrelation zwischen bestimmten Einsatzanlässe und psychischen Auffälligkeiten besteht und zum anderen, ob ein Zusammenhang zwischen spezifischen Einsatzanlässen und dem Verhalten bei der Interaktion mit den Polizeikräften vorliegt. Das Ziel ist das Herausarbeiten von Anzeichen für psychische Störungen und situativ bedingten Einflussfaktoren, um eine frühe Wahrnehmung durch die Beamten zu gewährleisten. Im Anschluss sollen durch die Verknüpfung der gewonnenen Erkenntnisse mit den theoretischen Grundlagen zu den psychologischen Einflussfaktoren Verhaltensempfehlungen für Polizeibeamte generiert werden.
Zur Beantwortung der Frage wird in der theoretischen Einführung in Kapitel 2 zunächst der Begriff der psychischen Störung definiert. Daran anknüpfend wird die Verbreitung von psychischen Störungen in Deutschland sowie die Häufigkeit bei polizeilichen Einsätzen im Zusammenhang mit psychisch auffälligen Personen, u.a. bei Ordnungsstörungen oder Straftaten, dargestellt. In der theoretischen Aufarbeitung werden polizeilich relevante Störungen mit den spezifischen Verhaltensmustern, den verbalen und nonverbalen Signalen und besonderen Risiken herausgearbeitet. Die sozialpsychologischen Einflussfaktoren auf die soziale Interkation zwischen Polizeibeamten und psychisch gestörten Personen werden im Kapitel 3 durch verschiedene Theorien aus dem Blickwinkel von beiden Personengruppen beschrieben. Im methodologischen Abschnitt der Masterarbeit wird in Kapitel 4 das Untersuchungsdesgin in Form einer qualitativen Analyse nach Mayring erläutert. Durch diese Methoden können die inhaltlich relevanten Aspekte der Forschungsfrage herausgefiltert und zusammengefasst werden.[16]
Im Zuge der Datenerhebung werden als Untersuchungsmaterial online verfügbare Zeitungsartikel von dem Nachrichtenportal Spiegel Online sowie den überregionalen Tageszeitungen Die Welt und Frankfurter Neue Presse ausgewählt. Zusätzlich werden die beiden regionalen Zeitungen Main Post und Rheinische Post selektiert. Als thematische Eingrenzung werden Polizeieinsätze gewählt, bei denen psychische Auffälligkeiten oder Hinweise auf eine psychische Störung vorhanden waren. Dabei soll möglichst das komplette Spektrum

[16] Vgl. Mayring 2015, S. 97ff.

der polizeilichen Einsätze mit psychisch auffälligen Personen erfasst werden.
Nach der Datenerhebung werden in Anlehnung an die strukturierte Inhaltsanalyse nach Mayring die Haupt- und Unterkategorien herausgearbeitet.[17]
Daraufhin werden in der Auswertung die Zuordnung der einzelnen Fälle in die Kategorien vorgenommen. Im Ergebnisteil (Kapitel 5) werden die Zusammenhänge und spezifischen Einflussfaktoren anhand von den Kategorien psychische Störungen, Einsatzanlässe und Verhalten bei Interaktion mit Polizeivollzugsbeamten dargestellt. Als zusätzlichen Erkenntnisgewinn werden die Aspekte polizeiliche Maßnahmen und Verbleib der Person ausgewertet. In der darauffolgenden Diskussion der Ergebnisse in Kapitel 6 werden durch die Verknüpfung mit den theoretischen Grundlagen zum einen die gewonnenen Erkenntnisse interpretiert. Zum anderen erfolgt im nächsten Schritt die Induktion von Verhaltensempfehlungen für Polizeibeamte. Zuletzt folgen in Kapitel 7 die kritische Methodenreflexion und in Kapitel 8 das abschließende Resümee.

2. Theoretische Grundlagen psychischer Störungen

In diesem Kapitel werden zunächst die Definitionen und die Häufigkeiten von psychischen Störungen erläutert. Darauf folgt eine Beschreibung von relevanten psychischen Störungen, insbesondere mit speziellen Auffälligkeiten, Verhaltensweisen und erkennbaren Indikatoren. Bei der jeweiligen Störung wird mehrheitlich auf charakteristische Formen von Delinquenz eingegangen. Im anschließenden Unterkapitel werden die sozialpsychologischen Einflussfaktoren auf die soziale Interaktion zwischen psychisch Gestörten und Polizeibeamten betrachtet.

2.1 Psychische Störungen und ihre Häufigkeiten

Eine Störung der Psyche umfasst alle klinisch signifikanten Auffälligkeiten in Bezug auf die kognitiven Funktionen, das Verhalten und das Empfinden im Vergleich zu psychisch gesunden Menschen. Die sogenannten Syndrome werden durch dysfunktionale psychologische, biologische oder entwicklungsbezogene Prozesse hervorgerufen und betreffen vor allem die eigene Wahrnehmung, die Denkabläufe und die Handlungen.[18][19]

---

[17] Vgl. ebd., S. 103.

[18] Vgl. Nedopil und Müller 2012, S. 114ff.

[19] Aufgrund der Coronavirus-Pandemie und der damit verbundenen Bibliotheksschließungen wurde zum Teil die Literaturauswahl begrenzt bzw. waren nicht die aktuellsten Auflagen verfügbar.

Weiterhin ist eine Beeinträchtigung der sozialen oder beruflichen Lebensbereiche charakteristisch. Eine Vielzahl an Indikatoren können auf eine psychische Erkrankung hinweisen, jedoch genügen zum Teil einzelne Anzeichen nicht für eine Diagnose. Für eine pathologische Einordnung ist daher die gesamtheitliche Betrachtung von allen Symptomen und Syndromen als charakteristische Symptomkomplexe auf der physischen und psychischen Ebene notwendig.[20]
Die pathologische Einordnung von psychischen Störungen erfolgt durch die International Statistical Classification of Diseases and Related Health Problems (ICD-10), die durch die Weltgesundheitsorganisation mitentwickelt wurde und in der Medizin verwendet wird. Ein weiterer diagnostischer Leitfaden von psychischen Störungen stellt Diagnostic and Statistical Manual of Mental Disorders (DSM-5) dar und ist als Klassifikationssystem in der Psychiatrie verbreitet.[21]
Für ein leichteres Verständnis und eine verbesserte Wahrnehmung von psychischen Auffälligkeiten ist es erforderlich grundlegenden Funktionen der Psyche zu kennen. Daher werden nun die wichtigsten Funktionen im Folgenden kurz erläutert. Die Psyche steuert unter anderem die Wahrnehmungen, das Bewusstsein, die Denkprozesse, die Emotionen, den eigenen Antrieb und die Bewegungsabläufe.[22]
Das menschliche Bewusstsein beinhaltet die Facetten der eigenen Identität und der persönlichen Umwelt in Verbindung mit der Vigilanz als aufmerksamer Zustand und der Bewusstseinsklarheit (Luzidität). Daran knüpft das Bewusstsein über die individuelle Identität mit der Fähigkeit zum unabhängigen Entscheiden und Handeln sowie der Kontinuität des Ichs an.[23]
Ferner wird die räumliche, zeitliche und situationsbedingte Orientierung gesteuert. Ein weiterer Aspekt der Psyche ist das körperliche und situative Wahrnehmen von Situationen, Gefühlen und die individuelle Verarbeitung.[24]
Die unterschiedlichen Emotionen können durch die Verknüpfung mit Erfahrungen zu vielfältigen Reaktionen, beispielsweise in Form von Äußerungen und Affektzuständen, führen. Dabei ist es möglich, dass ein extremer Erregungszustand durch die hervorgerufenen Emotionen zu einer plötzlichen und unreflektierten Handlung in Form eines Affektdeliktes führen kann.[25]

---

[20] Vgl. Dilling et al. 2015, S. 22ff.
[21] Vgl. Linden 2019, S. 49f.
[22] Vgl. Krauthan 2014, S. 27ff.
[23] Vgl. Nedopil und Müller 2012, S. 116ff.
[24] Vgl. Hoff und Sass 2010, S. 36f.
[25] Vgl. Nedopil und Müller 2012, S. 116f.

Die Motorik wird durch die eigene Stimmung sowie durch den Antrieb beeinflusst und steuert die individuelle Mimik und Gestik zur wechselseitigen Interaktion. Zur psychischen Gesundheit zählt ebenfalls die Fähigkeit zur Konzentration und die eigene Gedächtnisleistung. Die komplexen Denkprozesse umfassen nach der Wahrnehmung das Verknüpfen mit Erinnerungen und Erfahrungen.[26]

Ein einzelner oder mehrere Teilaspekte der Psyche können in ihrer Funktion gestört sein und so eine psychische Auffälligkeit hervorrufen. Eine beeinträchtigte Wahrnehmungs- oder Handlungsfähigkeit kann bspw. zu einem Wahn, verschiedenen Zwängen, Phobien oder Suizidabsichten führen.[27]

Die Klassifizierung ist häufig durch das Auftreten von verschiedenen Symptomen, welche auf unterschiedliche Störungen hinweisen, erschwert. Daher kann es gleichzeitig zu zusätzlichen Syndromen im Rahmen der Grunderkrankung (Komorbidität), welche als z.B. als schizoaffektive Störung bezeichnet werden, kommen.[28]

Außerdem können kurzzeitige oder langfristige Veränderungen in der Persönlichkeit und im sozialen Umgang mit anderen Individuen auftreten. Einen Eindruck über relevante Persönlichkeitsaspekte und psychosoziale Fähigkeiten können im ersten Kontakt durch das äußere Erscheinungsbild und das verbale sowie nonverbale Verhalten gewonnen werden.[29]

Laut der Studie des Robert-Koch-Institut zu der Gesundheit Erwachsener in Deutschland (DEGS) liegt die jährliche Prävalenzrate für psychische Störungen bei Erwachsenen in Deutschland bei 27,7 %. Als häufigste Störungen werden Angststörungen und affektive Formen, die die Gefühlswelt betreffen, genannt.[30]

Durch Studien im und vor dem Jahr 2012 wurde festgestellt, dass die Häufigkeit der Störungen bei Frauen, mit Ausnahme der substanzinduzierten Formen, höher liegt. Zusätzlich ist die Prävalenz bei jüngeren Individuen und bei Personen aus niedrigeren sozialen Schichten höher.[31]

Auf diese Prävalenzzahl bezieht sich ebenfalls die Deutsche Gesellschaft für Psychiatrie und Psychotherapie, Psychosomatik und Nervenheilkunde e.V. (DGPPN). Weiterhin stellt diese Gesellschaft fest, dass Angststörungen, affektive Störungen, vor allem in Form von

---

[26] Vgl. Hoff und Sass 2010, S. 35ff.

[27] Vgl. Benecke 2014, S. 241ff.

[28] Vgl. Nedopil und Müller 2012, S. 120ff.

[29] Vgl. Hoff und Sass 2010, S. 33f.

[30] Vgl. Jacobi et al. 2014, o.S.

[31] Vgl. ebd., o. S.

Depressionen, und substanzinduzierte Störungen zu den häufigsten Krankheitsformen zählen.[32]
Weltweite Studien der Weltgesundheitsorganisation ergeben, dass Depressionen, bipolare Störungen, Demenz, Schizophrenie und andere Psychosen zu den am meisten vorkommenden Gesundheitsbeeinträchtigung gehören.[33]
Im Hinblick auf polizeiliche Einsätze mit psychisch gestörten Personen schildert Litzcke, dass in vielen Fällen keine polizeiliche Dokumentation über die Anzeichen von psychischen Störungen und Verläufe von solchen Ereignissen erfolgt oder, dass diese Erkenntnisse nicht öffentlich zugänglich sind. Durch die Auswertung von internationalen Studien und Erfahrungsberichten von Polizeibeamten schätzt Litzcke, dass die Wahrscheinlichkeit zwischen einem Kontakt mit psychisch auffälligen Individuen im polizeilichen Kontext bei 25 % liegt. Als polizeilich relevant gelten dabei die substanzinduzierte, die schizophrene, die affektive, persönlichkeitsbetreffende und die dissoziative Störung.[34] Als signifikante Störungen im polizeilichen Kontext bewertet auch Meltzer die bereits genannten Krankheitsbilder und zählt zusätzlich depressive und dissoziale Störungen sowie Belastungsreaktionen dazu. Weiterhin ist ein signifikanter Anstieg speziell von den polizeirelevanten Störungsformen zu verzeichnen.[35]
Ferner führen Feltes und Alex auf, dass insbesondere von Menschen mit sozialen Ängsten, schizophrenen Tendenzen oder dem Borderline-Typ besondere Gefahren in polizeilichen Einsätzen, vor allem durch plötzliche Gewaltausbrüche, ausgehen können. Weiterhin ist der Umgang mit substanzabhängigen Personen, speziell mit weiteren psychopathologischen Symptomen kritisch, da vielfältige Verhaltensweisen von übermäßiger Freude bis hin zu eigen- und fremdgefährdenden Handlungen möglich sind.[36]

2.2 Polizeirelevante psychische Störungen

Im Folgenden werden die häufigsten psychischen Störungen im Kontext von polizeilichen Einsätzen im Hinblick auf verschiedene Formen, charakteristische Symptome und Delinquenzen theoriegeleitet herausgearbeitet und dargestellt. Dies dient vor allem zur Übersicht und zur Erkennung von Symptomen sowie Auffälligkeiten. Diese Darstellung erhebt nicht den Anspruch auf Vollständigkeit, da dies im Bearbeitungsrahmen der Arbeit nicht erfolgen kann.

---

[32] Vgl. DGPPN 2019, o. S.
[33] Vgl. World Health Organization 2019, o. S.
[34] Vgl. Litzcke 2003, S. 21ff.
[35] Vgl. Meltzer 2015, S. 5ff.
[36] Vgl. Feltes und Alex erscheint in 2021, S. 4f.

Die Demenzerkrankungen zählen laut der Weltgesundheitsorganisation (WHO) zu den häufigsten Störungen, jedoch treten sie im polizeilichen Kontext im Vergleich zu anderen Formen nur vereinzelt auf. Aufgrund der geringen Relevanz werden diese nicht näher betrachten, trotzdem können auch demente Personen aufgrund der krankheitsbedingten Situationsverkennung und verminderten Impulskontrolle insbesondere aus Angst aggressiv handeln.[37]

2.2.1 Psychische Störungen durch psychotrope Substanzen

Diese heterogene Kategorie umfasst alle psychopathologischen Symptome, welche auf den Konsum von einer oder mehreren psychotropen Substanzen zurückzuführen ist. Psychotrope Substanzen umfassen als Sammelbezeichnung alle Medikamente, Betäubungsmittel und andere in Nahrungsmitteln enthaltene Stoffe, die durch die zentralnervöse Wirkung Einfluss auf die Psyche nehmen.[38]

Die Differenzierung erfolgt zwischen einer akuten Intoxikation nach der ggf. nur einmaligen Aufnahme sowie einer längerfristigen Einnahme. Diese wird unterschieden in den schädlichen Gebrauch einhergehend mit einer Gesundheitsschädigung sowie dem Abhängigkeitssyndrom.[39] Bei der Abhängigkeit bzw. umgangssprachlich Sucht kann das eigene Konsumverhalten weniger kontrolliert werden, da die Einnahme durch ein starkes, anhaltendes Verlangen oder nahezu zwanghaft regelmäßig und in immer höheren Dosen erfolgen muss.[40] Ansonsten leidet der Betroffene häufig unter Entzugserscheinungen in körperlicher Form von u.a. Zittern, Schwitzen, Schmerzen oder depressiven Verstimmungen. Daraus folgt der kontinuierliche Druck das Suchtmittel auf legale oder kriminelle Weise wieder zu beschaffen.[41]

Durch den Konsum von psychotropen Substanzen kann generell eine Beeinträchtigung der Wahrnehmung, der kognitiven Fähigkeiten und der Affektsteuerung auftreten. Weitere Symptome sind Veränderungen im Verhalten und in der Persönlichkeit sowie aus der Einnahme resultierende permanente psychotische Störungen.[42]

Durch den Alkoholkonsum wird die individuelle Wahrnehmung, die Reflexionsfähigkeit sowie die Impuls- und Affektkontrolle beeinträchtigt. Die Stimmung kann zwischen freudig erregt und aggressiv

---

[37] Vgl. Lau und Kröber 2010, S. 217ff.
[38] Vgl. Nedopil und Müller 2012, S. 144ff.
[39] Vgl. Dilling et al. 2015, S. 110ff.
[40] Vgl. Linden 2019, S. 75ff.
[41] Vgl. Krauthan 2014, S. 201ff.
[42] Vgl. Giesekus 2001, S. 317ff.

sprunghaft wechseln. Auch kann es zu einer sexuellen Enthemmung oder zu Halluzinationen kommen.[43]
Laut Nedopil stellt die Alkoholabhängigkeit die häufigste Suchterkrankung dar. Ferner ist eine Alkoholisierung oftmals bei der Begehung von Straftaten, insbesondere von Aggressionsdelikten und Delikten gegen die sexuelle Selbstbestimmung, vorhanden. Die enthemmende Wirkung kann zu einer beschleunigten Eskalation bereits bei geringen Alkoholmengen beitragen, je nachdem wie die eigene Persönlichkeit, das persönliche Umfeld und das Verhalten von anderen Personen ausfällt.[44]
Cannabinoide Substanzen können die Wahrnehmungs- und Urteilsfähigkeiten erheblich einschränken und so zu risikobehafteten sowie enthemmten Verhaltensweisen führen. Generell können zum einen übermäßige Freude oder zum anderen Angstgefühl und paranoide Vorstellungen auftreten. Der längerfristige Konsum kann paranoide, psychotische Episoden oder durch den Missbrauch ausgelöste psychische Störungen zur Folge haben.[45]
Ähnliche Symptome ergeben sich durch den Konsum von Kokain, wobei die Freude in gesteigerter Form als Euphorierausch erlebt wird. Dieser Zustand kann jedoch jederzeit und durch eine nachlassende Wirkung in eine depressive oder aggressive Stimmung auch mit paranoiden Halluzinationen wechseln. Diese Abfolge führt zu einem gesteigerten Wunsch nach erneutem Konsum, sodass die Entstehung einer Abhängigkeitsspirale begünstigt wird.[46]
Die Einnahme von opioiden (morphinartigen) Substanzen wirkt sedierend auf die physischen und psychischen Konstitutionen, indem die Person apathisch, psychomotorisch und in den Denkabläufen verlangsamt ist. Daraus entsteht häufig das ersehnte Gefühl von Gleichgültigkeit. Charakteristisch ist der bereits nach wenigen Konsumeinheiten eintretende Entzugsprozess, welcher häufig nach wenigen Stunden beginnt und zu massiven körperlichen Beschwerden führt.[47]
In strafrechtlicher Hinsicht werden die Personen vor allem durch Verstöße gegen das Betäubungsmittelgesetzt sowie durch direkte oder indirekte Beschaffungskriminalität auffällig. Die indirekte Form umfasst alle Delikte zur Erlangung von Geld oder Gegenständen, um Betäubungsmittel zu finanzieren oder zu tauschen. Durch die häufig enthemmende und aggressionsfördernde Wirkung der Substanzen

[43] Vgl. Staud 2012, S. 29ff.
[44] Vgl. Nedopil und Müller 2012, S. 147ff.
[45] Vgl. Hoff und Sass 2010, S. 68f.
[46] Vgl. Giesekus 2001, S. 327f.
[47] Vgl. Stohler 2019, S. 223ff.

sind die Fallzahlen im Bereich von Gewalt- und Eigentumsdelikten hoch.[48]

2.2.2 Schizophrenie und wahnhafte Störungen

Schizophrenie gilt als schwere psychische Erkrankung mit multifaktoriellen Ursachen und wird durch beeinträchtigte Wahrnehmungs- und Denkprozesse charakterisiert. Die persönliche Entscheidungsgewalt und die Identität sind verändert, indem die Betroffenen sich oftmals von einer höheren Macht oder halluzinierten Stimmen beeinflusst fühlen.[49]

Zusätzlich nehmen die Personen die Realität anders wahr und verwenden ungewöhnliche Deutungsrahmen, sodass marginale Kleinigkeiten plötzlich die gesamte Situation beherrschen. Eine unpassende Stimmungslage, Gedankensprünge und ambivalente Signale sind in der Interaktion möglich.[50]

Das gezeigte Verhalten, wie z.B. das Werfen von Gegenständen, wirkt bizarr und desorganisiert. Die Gedankenvorgänge und das Handeln sind oftmals nicht nachvollziehbar und daher unberechenbar. Eine schizophrene Störung kann akut und schwerwiegend oder allmählich sowie episodisch oder kontinuierlich auftreten.[51]

Bei der paranoiden Schizophrenie herrschen Wahnvorstellung und akustische Halluzinationen sowie weitere Störungen der Wahrnehmung vor. Für schizotype Störung sind bizarre und desorganisierte Verhaltensweisen sowie Diskrepanzen in den Gefühlen und Denkvorgängen charakteristisch, welche lediglich schizophren wirken.[52]

Außerdem umfasst diese Gruppe die wahnhaften Störungen, welche über eine längere Episode andauern. Die Wahnideen oder mehrere miteinander verknüpfte Konstrukte können beispielswiese von Verfolgung, Eifersucht oder Größenwahn handeln. Im Gegensatz dazu ist eine psychotische Störung von kurzer Dauer (max. zwei Wochen) und entsteht als akute Reaktion auf ein belastendes Ereignis.[53] Grundsätzlich ist eine exakte Diagnose innerhalb der schizophrenen Störungsbilder und eine klare Abgrenzung von affektiven Störungsformen aufgrund der ähnlichen Symptome und der unterschiedlichen Episoden schwierig.[54]

---

[48] Vgl. Nedopil und Müller 2012, S. 172.

[49] Vgl. Dilling et al. 2015, S. 127ff.

[50] Vgl. Maß 2010, S. 14ff.

[51] Vgl.Lincoln et al. 2019, S. 17ff.

[52] Vgl. Staud 2012, S. 34ff.

[53] Vgl. Hoff und Sass 2010, S. 83.

[54] Vgl. Maß 2010, S. 20ff.

In der Forensik wird kontrovers diskutiert, ob diese Gruppe ein erhöhte Delinquenzrate aufweisen. Insbesondere durch komorbide Störungen können häufiger Konflikte mit vertrauten Personen ohne erkennbaren Grund und mit übermäßiger Gewalt auftreten. Jedoch kann das Risiko durch eine passende Betreuung und Therapie minimiert werden.[55]

2.2.3 Affektive Störungen

Die Ätiologie der affektiven Störungen veranschaulicht, dass diese einen symptomatischen Stimmungswechsel und eine Veränderung der Affektivität aufweisen. Das individuelle Empfinden kann in die depressive und ggf. angstbehaftete Richtung oder in eine übertriebene Freude mit einem Hochgefühl schwanken. Das wechselhafte Befinden wirkt sich zusätzlich auf die körperliche Aktivität und den eigenen Antrieb aus.[56]

Die verschiedenen Störungsformen können jeweils mit Wahnvorstellungen und Halluzinationen einhergehen. Bei den Betroffenen treten affektive Störungen in vielen Fällen zum wiederholten Male auf. Als Auslöser können oftmals belastende Erlebnisse identifiziert werden.[57]

Bei der manischen Ausprägung bestimmt ein dauerhaftes Hochgefühl in Kombination mit einem gesteigerten Antrieb und körperlicher Aktivität den Alltag. Als Symptome treten Redseligkeit, vermindertes Schlafbedürfnis, eingeschränktes Risikobewusstsein und Unkonzentriertheit auf. Bei der bipolaren affektiven Störung ist der wiederkehrende Stimmungswechsel von heiter zu depressiv in unterschiedlich langen Episoden charakteristisch.[58]

Symptome für eine depressive Ausprägung sind Niedergeschlagenheit, Interessensverlust, verminderter Antrieb, Schlafstörungen und negative Zukunftsansichten. Weiterhin fühlen sich die Betroffenen minderwertig und verspüren teilweise den Drang nach Selbstverletzungshandlungen.[59]

Die depressiven Episoden können in unterschiedlichen Schweregraden verlaufen und wirken sich oftmals auf das berufliche und das soziale Umfeld aus. Insbesondere bei Depressionen fügen sich die Menschen teilweise in suizidaler Absicht Verletzungen zu. Dabei kann es auch zu erweiterten Suiziden kommen. Weiterhin sind Tendenzen zu Diebstahls- und Betrugshandlungen erwiesen.[60]

---

[55] Vgl. Steinert und Traub 2016, S. 98f.
[56] Vgl. Benecke 2014, S. 266f.
[57] Vgl. Dilling et al. 2015, S. 159.
[58] Vgl. Staud 2012, S. 23.
[59] Vgl. Benecke 2014, S. 270ff.
[60] Vgl. Nedopil und Müller 2012, S. 194f.

2.2.4 Neurosen und Belastungsstörungen

Die Gruppe dieser psychischen Störungen umfasst eine heterogene Zusammenstellung, welche vor allem durch die historische Entwicklung begründet ist. Als übereinstimmendes Merkmal kann jedoch die Reaktion auf ein traumatisierendes Ereignis identifiziert werden. Die Symptome können je nach Störungsform akut, nach einer kurzen Zeitspanne oder nach Jahren im Zusammenhang mit einer erneuten Belastung auftreten.[61]

Die verschiedenen Ausprägungsformen umfassen Angst-, Zwangs-, Anpassungs- und Belastungsstörungen. Weiterhin gehören somatoforme mit physischen Symptomen, dissoziative Formen sowie Funktionsstörungen dazu, jedoch werden diese aufgrund ihrer geringen polizeilichen und forensischen Relevanz nicht näher erläutert.[62]

Phobische Störungen werden durch eine außergewöhnliche und nicht nachvollziehbare Angst vor bestimmten Gegenständen oder Situationen charakterisiert. Bereits der Gedanke an das angstbehaftete Objekt ruft physiologische Symptome wie Herzklopfen und übermäßiges Schwitzen hervor.[63]

Angststörungen können durch eine logische Erklärung für den Betroffenen nicht gemildert werden. Sie treten häufig zusammen mit Depressionen auf und weisen einen chronischen Verlauf auf.[64] Weiterhin können die Symptome vor allem langfristig durch die übertriebene Einnahme von Betäubungsmitteln oder durch übermäßigen Alkoholkonsum verschlimmert werden.[65] Aus Sicht der Forensik werden Personen mit Phobien jedoch selten straffällig.[66]

Zwangsstörungen sind grundsätzlich geprägt von wiederkehrenden zwanghaften Ideen oder Verhaltensweisen, welche durch den Betroffenen häufig selbst als unsinnig oder obszön eingeschätzt werden. Die Zwänge dienen zur Kontrolle und zur Abwehr von Ängsten, indem sie bspw. die Furcht vor Verschmutzung und Krankheiten durch unablässiges Waschen kontrollieren.[67] Die zwanghaften Gedanken befassen sich oftmals mit zweifelnden, bedrohlichen, aggressiven oder obsessiven Thematiken, welche sich auch als Vorstellungen von einem körperlichen Angriff manifestieren können.[68]

---

[61] Vgl. Dilling et al. 2015, S. 190f.

[62] Vgl. Hoff und Sass 2010, S. 97ff.

[63] Vgl. Benecke 2014, S. 378ff.

[64] Vgl. Dlugos und Zwanzger 2012, S. 29ff.

[65] Vgl. Nedopil 2007, S. 162f.

[66] Vgl. Hoff und Sass 2010, S. 98.

[67] Vgl. Dlugos und Zwanzger 2012, S. 43ff.

[68] Vgl. Dilling et al. 2015, S. 201.

Ohne weitere komorbide Störung bleibt es in der Regel bei den gewalttätigen Zwangsideen und nur selten werden die Aggressionen in der Realität an anderen Objekten oder Personen ausgelassen. Problematisch ist die Kombination mit einer schizophrenen Störung, da durch diese der individuelle Prozess der Kontrolle und die hemmende Barriere außer Kraft gesetzt werden können.[69]
Anpassungsstörungen sowie akute oder posttraumatische Belastungsstörungen sind definiert als abweichende Reaktionen auf traumatische Erlebnisse oder dauerhafte und unangenehme Veränderungen der Lebenssituation, welche eine Verarbeitung und Bewältigung der Ereignisse verhindern. Dies kann zu Beeinträchtigung von sozialen Kompetenzen und häufig zu selbstverletzendem Verhalten führen.[70]

2.2.5 Persönlichkeitsstörungen

Diese Störungsformen umfassen alle kontinuierlichen, starren Verhaltensmuster, welche durch abweichende Wahrnehmungsfähigkeiten und Denkprozesse charakterisiert sind und von den soziokulturellen Erwartungen divergieren. Die tiefgreifenden, störungsbedingten Veränderungen betreffen die Kognition, die Affektivität, die Impulskontrolle und die Gestaltung von zwischenmenschlichen Beziehungen. Daraus resultieren subjektiven Beeinträchtigungen des Wohlbefindens und Einschränkungen im sozialen Umgang sowie häufigere zwischenmenschliche Konflikte.[71]
Diese Gruppe umfasst vielfältige Ausprägungsformen, wie paranoid, schizoid, dissozial und emotional instabil, sowie weitere Beeinträchtigungen in der Impulskontrolle und Sexualität. Im Folgenden werden jedoch nur die dissoziale, die emotional instabile und die Sexualität betreffende Persönlichkeitsstörungen definiert.[72]
Die Betroffenen einer dissozialen Form weisen charakteristische Symptome, wie Rücksichtslosigkeit, mangelnde Empathie, geringe Frustrationstoleranz, kein Schuldbewusstsein und eine niedrige Schwelle zur Anwendung von Gewalt auf. Dies führt in einer Vielzahl von Fällen zur Missachtung von sozialen Normen und zu straffälligem Verhalten. Durch die geringe Impulskontrolle und häufige Gereiztheit kommt es oftmals zu Eigentumsdelikten, sexuellen Übergriffen und Körperverletzungsdelikten.[73]

---

[69] Vgl. Hoff und Sass 2010, S. 100f.
[70] Vgl. Dilling et al. 2015, S. 204f.
[71] Vgl. Fiedler und Herpertz 2016, S. 42ff.
[72] Vgl. Staud 2012, S. 46ff.
[73] Vgl. Kröber 2009, S. 332f.

Die emotional instabile Persönlichkeitsstörung weist eine verringerte Impulskontrolle ohne das Durchdenken der Konsequenzen und eine wechselhafte Stimmung auf. Gewalttätiges Verhalten kann aufgrund von mangelnder Selbstbeherrschung durch eine Interaktion, insbesondere durch Kritik an dem Betroffenen, plötzlich ausgelöst werden. Besonders bei dem impulsiven Typ treten aggressive Ausbrüche häufig auf.[74]

Die Indikatoren des Borderline-Typs sind zusätzlich ein gestörtes Selbstbild mit deutlichen Selbstzweifeln und das anhaltende Gefühl der inneren Leere. Die Erkrankten versuchen diese Lücke durch Beziehungen zu füllen und mit aller Kraft an diesen festzuhalten. Um die Partnerin oder den Partner daran zu hindern die Beziehung zu beenden, können die Erkrankten mit selbstverletzenden oder suizidalen Handlungen drohen oder diese umsetzen.[75]

Grundsätzlich kann es immer wieder durch die gestörte Impulskontrolle zu Selbst- oder Fremdschädigungen in Form von körperlichen Auseinandersetzungen kommen. Durch die plötzlich auftretenden Stimmungsschwankungen und Affektwechsel ist das Verhalten der Betroffenen unberechenbar. Zusätzlich können komorbide Wahnvorstellungen und Paranoia diesen Effekt verstärken.[76]

Als weitere Störung der Persönlichkeit und des Verhaltens können anhaltende ungewöhnlich sexuell erregende Vorstellungen und dranghafte Bedürfnisse auftreten. Die Störung der Sexualpräferenz variiert von Fetischismus über Exhibitionismus bis hin zur Pädophilie und weiteren Arten. Männer sind speziell von den exhibitionistischen und pädophilen Ausprägungen vorwiegend betroffen.[77]

2.2.6 Autoaggressives Verhalten

Selbstverletzende Handlungen gehören per Definition nicht zu den psychischen Störungen, jedoch treten diese häufig als Folge einer Erkrankung der Psyche auf. Autoaggressives Verhalten umfasst zum einen die Selbstverletzung ohne suizidale Absicht und zum anderen die Suizidalität.[78] Besonders bei der Borderline-Störung, aber auch bei anderen Formen dienen das Zufügen von Schnitten oder anderen Verletzungen der Reduktion von Anspannung, seelischem Schmerz und Angst. Allerdings kann dieses Verhalten auch gezielt zur Manipulation eingesetzt werden, weswegen immer psychiatrisch geprüft

---

[74] Vgl. Dilling et al. 2015, S. 280.
[75] Vgl. Fiedler und Herpertz 2016, S. 47.
[76] Vgl. Hoff und Sass 2010, S. 130f.
[77] Vgl. Dilling et al. 2015, S. 292ff.
[78] Vgl. Nedopil und Müller 2012, S. 337f.

werden muss, ob und welche Form einer psychischen Störung diesem Verhalten zugrunde liegt.[79]

Demgegenüber umfasst Suizidalität alle Gedanken sowie aktive und passive Handlungen, welche als Intention den eigenen Tod herbeiführen sollen. Der Selbsttötungsversuch ist definiert als absichtliche Handlung in dem Glauben, dass dieses Verhalten zum Tod führt. Die nichttödliche Suizidhandlung wird als Parasuizid bezeichnet.[80]

In 90 % der Suizide war bereits eine psychische Erkrankung bekannt, wobei depressive, bipolare, psychotische und emotional-instabile Störungen einen besonders hohen Anteil darstellen. Auch der Missbrauch von psychotropen Substanzen steigert das Suizidrisiko.[81]

Generell treten suizidale Handlungen häufig in belastenden Situationen wie der akuten Verschlechterung der psychischen oder physischen Erkrankungen oder einem Trauma auf. Weitere Risikofaktoren sind finanzielle oder familiäre Probleme, soziale Isolation und chronische Stressoren, welche zum Teil in Kombination auftreten.[82]

Dabei muss jedoch zwischen dem akuten Anlass als Auslöser für die Entscheidung, der generellen Ursache und dem persönlichen Motiv differenziert werden. Mögliche Funktionen eines Suizids können ein Hilferuf, der Wunsch nach endgültiger Ruhe, Beziehungsmanipulation sowie Eigen- oder Fremdbestrafung als Form der Rache sein.[83]

Zunächst zieht die betroffene Person einen Suizid in Erwägung bis die Gedanken in die zweite Phase der Ambivalenz übergehen, wobei beide Phasen jeweils über mehrere Wochen oder Monate andauern können. Zuletzt folgen der Entschluss und die aktive Handlung zum Herbeiführen des eigenen Todes.[84]

Generell ist die akute Suizidgefährdung sowohl für fachärztliches Personal für psychische Störungen als auch für Angehörige und Polizeibeamte schwer einschätzbar. Als Anhaltspunkte können vorherige Suizidversuche, das Stadium der suizidalen Gedanken, besondere Verhaltensänderungen und der Rückhalt durch Familie und Befreundete dienen.[85]

---

[79] Vgl. Linden 2019, S. 117f.

[80] Vgl. Benecke 2014, S. 290ff.

[81] Vgl. Nedopil und Müller 2012, S. 330ff.

[82] Vgl. Benecke 2014, S. 292ff.

[83] Vgl. Linden 2019, S. 120f.

[84] Vgl. Wedler 2001, S. 345f.

[85] Vgl. Linden 2019, S. 122.

3. Sozialpsychologische und persönlichkeitsbezogene Einflussfaktoren auf die soziale Interaktion

Die soziale Interaktion beschreibt die wechselseitige Beziehung durch verbale und nonverbale Kommunikation sowie die daraus resultierende Einflussnahme auf die folgende Reaktion. Die interpersonellen Begegnungen weisen unterschiedliche Komplexitäten in Bezug auf die Situation und den sozialen Kontext auf. Sie sind geprägt durch verschiedene sozialpsychologische sowie persönlichkeitsbezogene Einflussfaktoren.[86] Daher werden im Folgenden die relevanten Theorien im Zusammenhang mit dem Kontakt zwischen psychisch auffälligen Personen und Polizeibeamten dargestellt, welche teilweise auf beide Perspektiven angewendet werden können. Anschließend werden die persönlichkeitsbezogenen Einflüsse auf das Verhalten von Polizeibeamten erörtert. Zuletzt werden speziell die sozialpsychologischen Faktoren bei psychisch Gestörten betrachtet.

3.1 Sozialpsychologische Einflüsse auf die Interaktion zwischen psychisch Gestörten und Polizeibeamten

3.1.1 Theorie der sozialen Wahrnehmung

Die Aufnahme von Reizen und sozialen Informationen aus der Umwelt erfolgt aufgrund der Masse und der begrenzten Kapazitäten des menschlichen Körpers bereits selektiv. Anschließend dienen die Informationen nach der Verarbeitung als Grundlage für die Einschätzung der Situation und der anderen Personen sowie für die Entscheidung über das eigene Verhalten.[87]

Die Individuen erschaffen gedanklich aufgrund der vorhandenen Erfahrungen und der Filterungsprozesse kein realistisches Abbild, sondern eine subjektiv konstruierte Wirklichkeit, welche nicht mit der sozialen Realität übereinstimmt. Der Selektionsprozess wird insbesondere bei schon erlebten Situationen durch die vorhandenen Erfahrungen, aber auch durch verschiedene Motive sowie durch zuvor erstellte Hypothesen beeinflusst.[88]

Die Aufmerksamkeit und Wahrnehmung der Reize werden dementsprechend gelenkt und im nächsten Schritt mit den Hypothesen auf übereinstimmende Aspekte überprüft. Dabei gilt, dass je gefestigter die im Vorfeld konstruierten Annahmen sind, desto schwächer werden diese im Hinblick auf die neuen Informationen geprüft. Um die

[86] Vgl. Piontkowski 2011, S. 1.
[87] Vgl. Linden 2019, S. 8.
[88] Vgl. Fischer und Wiswede 2009, S. 192ff.

eigene Entscheidungs- und Handlungsfähigkeit zu gewährleisten, laufen diese Selektions- und Verarbeitungsprozesse intuitiv ab.[89]
Jedoch können die Abläufe auch aktiv gesteuert werden, um die Informationen weiter zu reduzieren oder bestimmte Faktoren detaillierter aufzunehmen. Generell lässt sich feststellen, dass der Mensch in den meisten Fällen voreingenommen ist und bspw. bei ähnlichen Personen zu einer positiven Wahrnehmung neigt. Im Umkehrschluss werden Individuen mit divergenten Eigenschaften und Verhaltensweisen negativer eingeschätzt.[90]
Im Kontakt zwischen psychisch auffälligen Personen und Polizeibeamten können auf beiden Seiten negative Hypothesen zum Verhalten und zur Interaktion vorhanden sein. Die Beamten können die, ggf. auf Erfahrungen basierende, Einstellung vertreten, dass psychisch gestörte Menschen unberechenbar und aggressiv sind. Zusätzlich können kritische Erfahrungen in solchen Einsätzen die Negativhypothese für die folgenden Kontakte bestärken.[91]
Dies führt zu einer größeren Distanz auf emotionaler Ebene und einer negativeren Einstellung gegenüber den psychisch Auffälligen, auch wenn neutrale Aspekte gegen die negative Hypothese sprechen. Andererseits können auch psychisch auffällige Personen durch eine negative Grundeinstellung gegenüber der Polizei ihre Wahrnehmung auf kritische Verhaltensweise fokussieren und ihre negativen Hypothesen nur mühsam verändern.[92]

3.1.2 Attributionstheorie

Die Theorie der Attribution beschreibt das menschliche Bedürfnis, das eigene und fremde Verhalten zu reflektieren und eine kausale Erklärung dafür zu generieren. Der Prozess der Ursachenzuschreibung resultiert aus dem Streben nach Kontrolle und Kalkulierbarkeit, da durch das kausale Verständnis die zukünftigen Verhaltensweisen prognostiziert werden können.[93]
Das Verhalten kann zum einen auf internale Faktoren, wie die eigene Persönlichkeit und Einstellungen, oder zum anderen auf externale Attributionen zurückgeführt werden. Bei den umweltbezogenen Ursachen dienen die situativen Umstände und die Besonderheiten als Erklärungsgrundlage.[94]

---

[89] Vgl. Hartung und Kosfelder 2019, S. 29f.
[90] Vgl. Forgas 1999, S. 20ff.
[91] Vgl. Litzcke 2003, S. 126.
[92] Vgl. ebd., S. 126.
[93] Vgl. Gollwitzer und Schmitt 2019, S. 120f.
[94] Vgl. Linden 2019, S. 8ff.

Relevant ist dabei insbesondere die Bewertung von persönlichen Misserfolgen und negativen Ereignissen. Durch die Reflexionsfähigkeit können eigene Fehler und daraus resultierende Lösungsmöglichkeiten identifiziert werden. Wenn diese Kompetenz jedoch eingeschränkt ist und die Ursachenzuschreibung nur auf äußere Einflüsse oder andere Personen reduziert ist, kann das Gefühl der Machtlosigkeit eintreten.[95]

Aus dysfunktionalen Attributionsmustern können depressive Verstimmungen oder Angststörungen bzw. eine Verschlechterung der bestehenden Symptomatik resultieren. Die Attributionsmuster bezogen auf äußere und globale Ursachen können ebenfalls bei aggressivem Verhalten vorkommen und zu größerer Enthemmung sowie Aggression führen.[96]

Dies kann sich bei der Interaktion auch auf den agierenden Polizeibeamten auswirken, indem die Wahrnehmung von Aggression das eigene Gewaltpotential steigert. Zudem kann eine Kausalattribution auf die psychisch gestörte Person eine Illusion der Kontrolle über die Situation für den Beamten wiederherstellen. Dies führt in einer konkreten Situation zu einer Reduktion von Stress und Unsicherheitsgefühlen bei den eingesetzten Beamten.[97]

3.1.3 Theorie der kognitiven Dissonanz

Diese Annahme beschreibt das Streben nach einem ausgeglichenen kognitiven System sowie nach kongruenten Einstellungen und Werten. Eigene Zweifel, widersprüchliche Informationen und Argumente führen zu einem Spannungszustand im Inneren. Diese kognitive Dissonanz kann durch eine Verhaltensänderung oder durch die Verarbeitung von neuen Aspekten zu einer Reduktion der inneren Anspannung und der Differenzen führen.[98]

Der kognitive Prozess der Entscheidungsfindung wird sowohl durch das Wissen über die eigene Person mit den Verhaltensweisen, Einstellungen und Gefühlen als auch durch das Umfeld beeinflusst. In polizeilichen Einsätzen mit psychisch auffälligen Menschen ist eine schnelle Entscheidungsfindung häufig notwendig, welche jedoch in Anlehnung an die Hypothesentheorie der sozialen Wahrnehmung durch negative Einstellungen zu dem Gegenüber geprägt und entlastende Aspekte eher ausgeblendet werden.[99]

---

[95] Vgl. Piontkowski 2011, S. 29f.
[96] Vgl. Pinquart 2011, S. 329f.
[97] Vgl. Litzcke 2003, S. 136f.
[98] Vgl. Hartung und Kosfelder 2019, S. 17.
[99] Vgl. Piontkowski 2011, S. 11ff.

Aufgrund dessen führen neue Erkenntnisse aus der sozialen Interaktion und Kommunikation häufig zu einer Steigerung der Dissonanz, wenn sie der eigenen Hypothese widersprechen. Weiterhin strebt der zwiegespaltene Mensch eher nach Unterstützung durch das soziale Umfeld anstatt eine Dissonanzreduktion durch eine Verhaltensänderung herbeizuführen. Besonders die Reformierung von emotionalen Aspekten und Stigmen erfordert einen hohen interpersonellen Aufwand. Ein kognitiver Wandel kann vielfach nur durch valide Argumente und Vertrauen erreicht werden.[100]
Der Grad der kognitiven Dissonanz, welcher durch das Individuum ertragen werden kann, wird durch die Ambiguitätstoleranz erfasst. Daher können Beamte mit einer hohen Ambiguitätstoleranz diffuse und ambivalente Informationen besser verarbeiten und ihre Meinung sowie ihr Verhalten schneller anpassen. Aufgrund dessen sind die Beamten in ihrer Wahrnehmung von unterschiedlichen Reizen weniger eingeschränkt und insgesamt handlungsfähiger.[101]

3.1.4 Theorie der sozialen Identität

Die soziale Identitätstheorie befasst sich mit dem individuellen und dem intergruppalen Verhalten sowie dessen Auswirkungen. Der Begriff Gruppe beschreibt zwei oder mehr Personen, welche eine kollektive Wahrnehmung als Angehörige derselben sozialen Kategorie teilen und eventuell darüber hinaus ein bestimmtes Abhängigkeitsverhältnis besteht. Die Interdependenzen können eine gemeinsame Zielerreichung oder kollektive Normen und Werte betreffen.[102]
Die Theorie basiert auf der Annahme, dass alle Individuen ihr soziales Milieu in unterschiedliche Kategorien einteilen. Dieser Prozess läuft automatisiert ab und verknüpft die unterschiedlichen Gruppen und ihre Mitglieder mit verschiedenen Eigenschaften.[103]
Daraufhin erwartet der Mensch bestimmte Eigenarten und Verhaltensweisen bei der betroffenen Person, weil diese gedanklich einer Kategorie zugeordnet wurde. Dies wird als prinzipiell wertfreie Stereotypisierung bezeichnet und dient dazu das Verhalten zu erklären sowie die nächsten Handlungen vorherzusagen.[104] Durch Stereotypen können die Wahrnehmungen einfacher gefiltert, systematisiert und verarbeitet werden, sodass der Mensch schneller eine Entscheidung treffen kann.[105]

---

[100] Vgl. Fischer und Wiswede 2009, S. 304ff.
[101] Vgl. Litzcke 2003, S. 171f.
[102] Vgl. Piontkowski 2011, S. 166ff.
[103] Vgl. Tajfel 1982, S. 101ff.
[104] Vgl. Gollwitzer und Schmitt 2019, S. 84ff.
[105] Vgl. Litzcke 2003, S. 150.

Die Gruppenzugehörigkeit wirkt sich außerdem auf das eigene Selbstkonzept, die soziale Identität, aus und aufgrund dessen ist jeder Mensch bemüht einer möglichst positiven sowie statushohen Gruppen anzugehören.[106]
Die Kategorisierung erfolgt durch soziale Vergleiche und durch verschiedene verhaltensbezogene Strategien. Eine Vorgehensweise kann die Benachteiligung von bestimmten Angehörigen einer anderen Gruppe sein, welche als soziale Diskriminierung definiert ist.[107]
Zum Beispiel fühlen sich viele psychisch Gestörte durch die Gesellschaft und ihr soziales Umfeld diskriminiert und isoliert, sodass sie versuchen ihre Krankheit zu verbergen.[108]
Die Interaktion zwischen Polizeibeamten und psychisch auffälligen Personen ist geprägt durch das Zugehörigkeitsgefühl zu der individuellen Gruppe, welche wechselseitig mit bestimmten Einstellungen und Verhaltensweisen assoziiert werden. Die eigene Wahrnehmung ist darauf fokussiert die vorhandenen Stereotypen zu bestätigen oder sogar die möglichen diskriminierenden Stigmata zu belegen. Jedoch bleibt festzuhalten, dass die Gruppe der Beamten aufgrund der gefühlten Divergenz kein Bedürfnis nach Abwertung von psychisch gestörten Personen haben.[109]

3.1.5 Stereotypen und Stigmata

Durch den ersten Eindruck erfolgt eine Kategorisierung in Stereotypen, welche wiederum das eigene Verhalten maßgeblich beeinflusst. Die eigenen Handlungen werden daran angepasst, ob die andere Person im ersten Moment sympathisch, aggressiv oder verschlossen wirkt.[110]
Durch die wechselseitige Beeinflussung wird jedoch oftmals die zuvor erwartete Verhaltensweise hervorgerufen, bspw. wenn das eigene Verhalten aggressiv und abwehrbereit ist, obwohl die erste Einschätzung von dem Gegenüber nur fälschlicherweise als gefährlich interpretiert wurde. Trotzdem wird die andere Person mit hoher Wahrscheinlichkeit als Reaktion auf das eigene Auftreten zu einer aggressiveren Haltung wechseln.[111]
Daher lässt sich feststellen, dass negative Stereotypen erheblichen Einfluss auf das eigene Verhalten haben und, dass diese sehr änderungsresistent sind.

---

[106] Vgl. Tajfel 1982, S. 104ff.
[107] Vgl. Hartung und Kosfelder 2019, S. 127ff.
[108] Vgl. Finzen 2013, S. 30ff.
[109] Vgl. Litzcke 2003, S. 145ff.
[110] Vgl. Finzen 2013, S. 36ff.
[111] Vgl. Fischer und Wiswede 2009, S. 334ff.

Insbesondere der erste, aber auch alle folgenden Kontakte zwischen einer psychisch auffälligen Person und einem Polizeibeamten führen zur Konstruktion und zur Verfestigung von meist negativen Stereotypen, welche jeweils gegenseitig auf die gesamte Gruppe bezogen werden.[112]
Durch die soziale Kategorie wird wiederum die Wahrnehmung dahingehend beeinflusst, diese Annahme zu bestätigen.[113] Dieser Effekt wird durch die Identifikation mit der eigenen Gruppe verstärkt, welche insbesondere bei uniformierten Beamten besonders ausgeprägt ist. Daher nehmen in einer Vielzahl von Fällen die Beamten die psychisch Gestörten primär geprägt durch die Stereotypen sowie unabhängig von ihrem aktuellen Verhalten wahr.[114]

3.1.6 Konformitätsdruck und Subkultur

Als Ergänzung zur Theorie der sozialen Identität betrachtet die Forschung zur Konformität besonders den intergruppal ausgeübten Druck zur individuellen Anpassung. Eine starke Gruppenkohäsion und die affektiven Bindungen zu den anderen Mitgliedern steigern zum einen das Überlegenheitsgefühl gegenüber anderen Gemeinschaften und zum anderen den Konformitätsdruck bei abweichenden Meinungen.[115] Die Notwendigkeit sich selbst und die eigene Meinung unterzuordnen sowie die gebotene Akzeptanz von bestehenden Gruppenstrukturen sind die Folge.[116]
Durch die bereits erläuterte Theorie der kognitiven Dissonanz und dem daraus resultierenden Streben nach Widerspruchsfreiheit wird der Effekt der Gruppekohäsion weiter verstärkt. Jedoch werden als positive Aspekte durch die gemeinschaftlichen Entscheidungen Unsicherheit bezüglich dieser abgeschwächt und die Verantwortung wird aus subjektiver Sicht aufgeteilt.[117]
Um einen gemeinschaftlichen Konsens und die Rechtfertigungsgründe zu bewahren, steigt der gruppeninterne Druck weiter an. Zudem bewirkt dieser die Einhaltung der Normen und Rollenverteilung, da sonst Zurückweisung und Ausgrenzung droht.[118]
Zusätzlich kann zwischen aufgabenbasierten und affinitätsbezogenen Zusammenschlüssen unterschieden werden, wobei die Polizei als funktionale Gruppe zur Aufgabenerledigung dient. In dieser

[112] Vgl. Bierhoff 2002, S. 96ff.
[113] Vgl. Tajfel 1982, S. 39ff.
[114] Vgl. Litzcke 2003, S. 153f.
[115] Vgl. Fischer und Wiswede 2009, S. 622f.
[116] Vgl. Bierhoff 2002, S. 113ff.
[117] Vgl. Hartung und Kosfelder 2019, S. 109ff.
[118] Vgl. Bierhoff 2002, S. 114f.

Variante steigt der Druck durch die eigene Leistung die Ziele zu erreichen und die gemeinsame Kooperation zu verbessern.[119] Somit bleibt festzustellen, dass der Gruppendruck innerhalb der Polizei und der einzelnen Organisationseinheiten zu den strukturellen Faktoren gehört.[120] Jedoch ist mit hoher Wahrscheinlichkeit das persönliche Identifikationsniveau mit der Einheit und die Intensität des Gruppendrucks je nach Aufgabenbereich und funktionaler Einheit unterschiedlich ausgeprägt. Die intergruppalen Normen und Werte, welche unter anderem zu Gruppendruck führen, können sich in einem subkulturellen System manifestieren. Dies wird in Bezug auf die Polizei im Folgenden differenziert erläutert.

In Deutschland besteht ein Spannungsverhältnis zwischen der offiziellen Polizeikultur und der inoffiziellen Polizistenkultur. Die Polizeikultur verkörpert den staatlichen Auftrag als Vertreter der Gewaltmonopols mit einem idealtypischen Leitbild eines Bediensteten. Sie umfasst die Wertvorstellungen und Haltungsvorgaben in Abhängigkeit von verschiedenen Situationen sowie die Einschränkungen bei der Gewaltanwendung.[121]

Hingegen bezieht sich die Polizistenkultur bzw. Cop Culture auf die praktikablen Handlungsmuster im Alltag und die Lagebewältigung insbesondere in konfliktreichen Situationen. Als Gefahrengemeinschaft werden dem internen Zusammenhalt und der Sicherung der kollektiven Identität eine besonders große Bedeutung zugemessen.[122] Cop Culture dient als soziale Einheit zur Stabilisierung der eigenen Identität sowie zur Bedürfnisbefriedigung nach Akzeptanz und Integration.[123] Diese positiven Aspekte schaffen Vertrauen, welcher zu Bewältigung von schwierigen Einsätzen im Sinne einer Gefahrengemeinschaft notwendig ist.

Die Organisation Polizei bzw. die eigene Gruppe steht dabei als familienähnlicher Zusammenschluss im Vordergrund und führt zu einer Unterordnung des Individuums. Die Polizistenkultur stellt daher laut Behr eine subkulturelle Teilgruppe in der Polizeikultur mit eigenen Werten und Normen dar, welche zum Teil von dem vorgegebenen Ideal abweichen. Dabei können jedoch auch vom gesetzlichen Anspruch abweichende Legitimationsprinzipien entwickelt werden.[124]

Dabei ist die Cop Culture geprägt durch die Ausübung von Macht und der Gewaltanwendung im Rahmen der gesetzlichen Grenzen.

[119] Vgl. Gollwitzer und Schmitt 2019, S. 218ff.

[120] Vgl. Klukkert et al. 2009, S. 196.

[121] Vgl. Behr 2006, S. 47f.

[122] Vgl. Klukkert et al. 2009, S. 201ff.

[123] Vgl. Fischer und Wiswede 2009, S. 738.

[124] Vgl. Behr 2006, S. 39ff.

Zusätzlich ist der Aspekt der ausgeprägten Maskulinität in der Polizei relevant, da teilweise die Überzeugung besteht, dass Frauen insbesondere körperlich nicht die gleichen Anforderungen erfüllen. Dies kann zum einen zu einer weiteren subkulturellen Strömung führen und zum anderen dazu, dass der Beschützerinstinkt für Kolleginnen stärker entwickelt wird.[125]

Der polizeiinterne Umgang mit Fehlern ist zum Teil problematisch, da diese in den vielen Fällen verschwiegen bzw. nicht umfassend untersucht werden, um einen Vertrauensverlust in der Bevölkerung zu vermeiden. Allerdings birgt das die Gefahr, dass im Nachhinein bekannt gewordene Fehlentscheidungen zu einem viel größeren Verlust führen können. Zusätzlich fehlt innerhalb der Polizei die Reflexion, um aus dem vergangenen Einsatz zu lernen und ggf. individuelle Handlungsmuster anzupassen.[126] Allerdings kann es dabei zu interpersonalen Spannungen im Sinne der Theorie der kognitiven Dissonanz kommen, falls ein zuvor getroffener Entschluss oder eine Handlung angezweifelt wird.[127]

3.2 Persönlichkeitspsychologische Effekte auf das Verhalten von Polizeibeamten

Die persönlichkeitsbezogenen Aspekte umfassen die Punkte Kontrollüberzeugungen, Vertrauen, Ambiguitätstoleranz und individuelle Faktoren. Sie dienen zumindest teilweise als Erklärung für die individuellen und divergenten Reaktionen und Einstellungen von Polizeibeamten im Umgang mit psychisch Kranken. In Bezug auf die Theorie der sozialen Wahrnehmung ist im Umgang mit psychisch gestörten Personen zum einen die Übertragung von Erfahrungen auf die neue Situation und die daraus resultierenden Hypothesen relevant. Zum anderen sind die individuellen Kontrollüberzeugungen zur Situationsbewältigung von Bedeutung.

Eine internale Auffassung beschreibt die Überzeugung, dass alle Interaktionen und Aspekte des Lebens eigenständig beeinflusst werden können sowie keine Abhängigkeit von anderen Personen und deren Verhalten besteht. Im Gegensatz dazu umfasst die externale Kontrollüberzeugung die Ansicht, dass die eigenen Entscheidungen von anderen Personen, Instanzen und glücklichen oder negativen Zufällen determiniert sind.[128]

---

125 Vgl. Behr 2008, S. 193f.
126 Vgl. Feltes und Jordan 2017, S. 268ff.
127 Vgl. ebd., S. 261f.
128 Vgl. Hartung und Kosfelder 2019, S. 179f.

Bei einer internalen Attribution gehen die Beamten davon aus, dass ihr Verhalten maßgeblich den Ablauf der Interaktion beeinflusst und sind sich bei der Entscheidung sicher. Dies führt zu einer optimierten Fokussierung auf die Lösung von Problemen, bspw. durch eine bessere Informationsaufnahme und -verarbeitung.[129] Zusammen mit einer hohen Ambiguitätstoleranz steigt die Wahrscheinlichkeit eine herausfordernde Situation, wie z. B. die Konfrontation mit einer Person in einem psychischen Ausnahmezustand, zu bewältigen.
Außerdem ist das zwischenmenschliche Vertrauen zusätzlich zu den Kontrollüberzeugungen für generalisierte Erwartungen relevant. Dies beinhaltet die Einschätzung der Verlässlichkeit von anderen Personen aufgrund ihrer Aussage oder Versprechungen. Daran wird wiederum das eigene Verhalten in Form von Akzeptanz oder Kontrolle angepasst.[130]
Ein wesentlicher Faktor ist, dass durch Vertrauen weniger kognitive Kapazität gebunden wird und daher die Informations- und Lösungsorientiertheit steigt. Das generealisierte Vertrauen besteht in Abhängigkeit von vergangenen Erfahrungen bereits bei der Kontaktaufnahme und gilt aus Vertrauensvorschuss. Eine spezifische Überzeugung kann jedoch erst während der Interaktion aufgebaut werden.[131]
Zu den individuellen Faktoren bei der Interaktion zählt die psychische Gesundheit der Bediensteten der Polizei. Mögliche psychische Belastungen sind sowohl Unsicherheiten bei der Interaktion und angstbezogene Störungen als auch depressive und zwanghafte Phasen. Auch gesteigerte Reizbarkeit oder unausgeglichene Stimmung bis hin zu Aggressivität können auftreten. Grundsätzlich ist die persönliche Tagesform durch den physischen und psychischen Zustand von Bedeutung.[132]
Eine weitere Komponente ist das subjektive Empfinden und eine mögliche Emotionalisierung der Situation. Besonders Respektlosigkeit gegenüber der Institution Polizei als Exekutive des Staates, der eigenen Person oder dem Kollegium können von dem rationalen Denken zu einem emotional geprägten Handeln führen.[133]
Auch die Angst vor Eskalation sowie die Sorge mit diesem Streifenteam und der persönlichen Ausstattung die Situation nicht bewältigen zu können, ist ebenfalls individuell geprägt. Durch die dargestellten Stressfaktoren wird das rationale Denken erschwert, sodass es zu einer übermäßigen Gewaltanwendung durch die Polizeibeamten

[129] Vgl. Litzcke 2003, S. 163ff.
[130] Vgl. Gollwitzer und Schmitt 2019, S. 111ff.
[131] Vgl. Fischer und Wiswede 2009, S. 441f.
[132] Vgl. Litzcke 2003, S. 173ff.
[133] Vgl. Klukkert et al. 2009, S. 200f.

kommen kann.[134] Die individuellen Faktoren sind generell abhängig von den eigenen Erfahrungen und Dienstjahren sowie dem persönlichen Charakter und dem familiären Umfeld.[135]
Zusammenfassend lässt sich in Bezug auf die Interaktion durch Polizeibeamte feststellen, dass die unterschiedlichen Theorien zur sozialen Interaktion dazu dienen die Wahrnehmung zu fokussieren und durch die Verknüpfung mit Attributionen oder Stereotypen eine schnellere Entscheidung zu treffen. Durch ein stabiles Selbstkonzept und eine hohe Ambiguitätstoleranz kann eine positive internale Einstellung zur Kontroll- sowie Handlungsfähigkeit bestärkt werden.[136]
Allerdings sind im Kontakt zwischen Beamten und psychisch auffälligen Personen ebenfalls persönliche Faktoren, wie z.B. das zwischenmenschliche Vertrauen, die allgemeine Befindlichkeit und das Aggressionslevel, entscheidend. Zusätzlich sind die psychische Gesundheit und die vorausgegangenen Einsätze für die Reaktion der Beamten von Bedeutung. In Bezug auf das entgegengebrachte Vertrauen lässt sich feststellen, dass dieses bei Polizeibeamten mit steigender Berufserfahrung stetig abnimmt und daraufhin eine Verhaltensanpassung erfolgt.[137]

3.3 Sozialpsychologische Einflüsse auf die Handlungen von psychisch gestörten Personen

Psychische Störungen sind von biologischen, psychischen und sozialen Faktoren und deren komplexe Wechselwirkungen abhängig. Im Hinblick auf die sozialen Komponenten können vier Kategorien, welche zum einen zur Entstehung beitragen oder zum anderen als Symptome und Folgen auftreten können, identifiziert werden.[138]
Soziodemografische Aspekte, wie die Zugehörigkeit zu einer niedrigen Gesellschaftsschicht und monetäre Knappheit, können die Entwicklung von psychischen Störungen beeinflussen. Daran anknüpfend sind das soziale Milieu, die Sozialisation und das individuelle Rollenverständnis wichtig für die persönliche Entwicklung und die psychische Gesundheit.[139]
Als Folge von psychischen Störungen sind die Betroffenen oftmals in der Interaktion mit anderen Personen auffällig, welche sich einerseits als hemmend und belastend manifestieren oder andererseits häufig mit Kontrollverlust und Aggression einhergehen kann. Die

[134] Vgl. Feltes und Jordan 2017, S. 260.
[135] Vgl. Klukkert et al. 2009, S. 197f.
[136] Vgl. Krauthan 2014, S. 106ff.
[137] Vgl. Litzcke 2003, S. 174ff.
[138] Vgl. Linden 2019, S. 44ff.
[139] Vgl. Pinquart 2011, S. 320.

zwischenmenschlichen Beziehungen werden durch eine Dysfunktion im Denken und Verarbeiten sowie durch abweichende soziale Normen und Werte beeinträchtigt.[140]
Im Folgenden werden nur kurz die relevanten Aspekte einer psychischen Störung betrachtet. Generell gilt, dass die sozialen Bedingungen der psychischen Störungen unzureichend untersucht und individuell ausgeprägt sind, sodass diese nur als mögliche Erklärungen dienen können.[141]
Vielfach weisen die Betroffenen einer psychischen Störung einen Mangel an sozialer Kompetenz auf, welcher sich auf die Kommunikation, Wahrnehmung und die Entscheidungsfähigkeit auswirkt. Diese Defizite können durch die Störung entstehen oder verstärkt werden. Unter Bezugnahme von weiteren Beeinträchtigungen der sozialen Interaktion ist ein zu niedriges oder ein übersteigertes Selbstwertgefühl besonders bei der Anpassungsfähigkeit relevant.[142]
Generell ist die Belastbarkeit der Erkrankten bei Stress und bei emotionalen Themen eingeschränkt und kann schneller zu einer Überforderung führen. Diese Überlastung kann zu unangemessenen oder widersprüchlichen Verhaltensweisen führen. Aufgrund der verschiedenen Faktoren korrelieren psychische Erkrankungen häufig mit Problemen in der Familie und dem sozialen Umfeld sowie grundsätzlichen Schwierigkeiten bei der Lebensführung.[143] Die zum Teil geminderte Belastbarkeit bei Stress ist ebenfalls für die polizeilichen Einsätze relevant, da diese zu übermäßiger Anspannung und psychischem Druck führen können.
Weiterhin ist die individuelle Einstellung der Personen zu den unterschiedlichen Betäubungsmitteln, wie Alkohol, Marihuana und weiteren psychotropen Substanzen, sowie zu ihrer psychischen Störung wichtig für den Störungsverlauf und den kommunikativen Zugang. Eine Komorbidität von einer psychischen Störung und einer Abhängigkeitserkrankung haben erwiesene Auswirkungen auf den Progress.[144]

4. Methodik oder Erhebung und Analyse empirischer Daten

Im Folgenden werden die Auswahl der methodischen Vorgehensweise und des Untersuchungsmaterials in Bezug auf die Anforderungen der Forschungsfrage erläutert. Nach der thematischen Eingrenzung folgt die Bestimmung der Auswahleinheit und der Stichprobe.

---

[140] Vgl. Hoff und Sass 2010, S. 44ff.
[141] Vgl. Pinquart 2011, S. 324ff.
[142] Vgl. Hoff und Sass 2010, S. 46ff.
[143] Vgl. Finzen 2013, S. 33ff.
[144] Vgl. Pinquart 2011, S. 332.

Im Anschluss werden die Bildung der Kategorien und die Kriterien der Datenauswertung dargestellt.

4.1 Auswahl der Methodik zur Beantwortung der Forschungsfrage

Im Fokus dieser Arbeit stehen polizeiliche Einsätze mit psychisch auffälligen Personen und deren Verhaltensweisen. Wie bereits in der Einleitung erläutert, berichten die Medien stellenweise über aufsehenerregende Fälle, in denen ein psychisch gestörter Mensch andere Personen verletzen wollte, verwundet hat oder es zur Tötung kam. Eine polizeiliche Statistik über die Einsätze mit psychisch auffälligen Personen ist in dieser Form nicht vorhanden bzw. nicht für die Öffentlichkeit zugänglich.[145] Das methodische Ziel der vorliegenden Arbeit ist der Erkenntnisgewinn über polizeiliche Einsätze mit psychisch Gestörten und ein tiefergehendes Verständnis für die Schwierigkeiten bei der Interaktion. Auf Grund der mangelnden Zugänglichkeit von validen Statistiken wird sich im Folgenden auf eine Medienanalyse gestützt. Daher sollen durch diese die Anlässe für einen Polizeieinsatz und die Anzeichen für eine psychische Störung herausgefiltert werden. Zudem soll überprüft werden, ob eine Korrelation zwischen bestimmten Anlässen und psychischen Auffälligkeiten besteht. Wie bereits in der Einleitung erläutert wurde, solle zusätzlich dargestellt werden, welche Verhaltensweisen die betroffene Person zeigen und ob diese friedlich oder gewalttätig agieren. Aus den gewonnenen Erkenntnissen sollen zudem Verhaltensempfehlungen für Polizeibeamte sowie weitere Ansätze für die theoretische und praktische Betrachtung von Polizeieinsätzen mit psychisch auffälligen Personen generiert werden.

Die Forschungsfragen könnten nicht bzw. nicht ausschließlich durch eine quantitative Erhebung beantwortet werden, da auf Basis einer Statistik keine Aussagen über den Verlauf und über die Anzeichen für eine psychische Störungen getroffen werden können. Weiterhin würde eine repräsentative Studie im Bereich der Medien aufgrund des zeitlichen und personellen Umfangs den Rahmen der Arbeit überschreiten.[146]

Durch eine qualitative Untersuchung kann durch einen praxisbezogenen Ausschnitt der Realität eine Annäherung an den Forschungsgegenstand erfolgen. Diese Methode zeichnet sich durch Offenheit und Flexibilität aus und kann dadurch im Sinne einer Exploration auch neue Informationen generieren. Der Prozess der empirischen Sozialforschung kann daraufhin in Gänze reflektiert und angepasst werden.

---

[145] Vgl. Litzcke 2003, S. 23f.

[146] Vgl. Meyen et al. 2011, S. 10ff.

Durch diese Vorgehensweise wird sichergestellt, dass auch die Entstehungszusammenhänge der sozialen Prozesse erfasst werden.[147]
In der vorliegenden Arbeit wurde als Methode der empirischen Sozialforschung die Inhaltsanalyse gewählt. Die Form der qualitativen Inhaltsanalyse wird durch Früh als „empirische Methode zur systematischen, intersubjektiv nachvollziehbaren Beschreibung inhaltlicher und formaler Merkmale von Mitteilungen, meist mit dem Ziel einer darauf gestützten interpretativen Inferenz auf mitteilungsexternen Sachverhalten"[148] definiert.
Durch diese Methodik können Medieninhalte systematisch analysiert und die Inhalte der fixierten Kommunikation sowie der sozialen Interaktion identifiziert werden. Die theoriegeleitete Entwicklung von Kategorien dient einer intersubjektiven und regelgeleiteten Erfassung der ausgewählten Medieninhalte. Die Überprüfbarkeit und Nachvollziehbarkeit werden durch den definierten Ablauf der Inhaltsanalyse gewährleistet.[149] Die durchgeführte Medieninhaltsanalyse verfolgt daher das Ziel die komplexe Berichtserstattung zu reduzieren, die zentralen Muster herauszuarbeiten und daraus eigene Schlussfolgerungen abzuleiten.[150]
Außerdem können die Polizeieinsätze mit psychisch auffälligen Personen und der jeweilige Verlauf systematisch analysiert und nach Kategorien gefiltert werden. In der deduktiven Kategorienanwendung ist es erforderlich, dass diese theoriegeleitet entwickelt und präzise mit Ankerbeispielen und Codierregeln formuliert werden. Das System an Kategorien kann anschließend in weitere Ausprägungen mit definierten Kriterien unterteilt werden.[151]
Als spezifische Methode wurde die inhaltliche Strukturierung ausgewählt, mit welcher das bearbeitete Material nach der Analyse in den Unterkategorien zusammengefasst und paraphrasiert wird. Diese Vorgehensweise wird ebenfalls pro Hauptkategorie angewendet, sodass die Inhalte sachdienlich strukturiert und vergleichbar sind.[152]
Um das Forschungsvorhaben zu realisieren, werden zunächst angelehnt an den Ablauf nach Mayring die Analyseeinheiten bestimmt. Danach werden die Hauptkategorien auf Basis der theoretischen Erkenntnisse erstellt und das Kategoriensystems mit Hilfe der verschiedenen Ausprägungen generiert. Mithilfe der Codierregeln wird das Material in mehreren Durchläufen bearbeitet, sodass im nächsten

[147] Vgl. Lamnek und Krell 2016, S. 33ff.
[148] Früh 2011, S. 27.
[149] Vgl. Reichertz 2016, S. 225ff.
[150] Vgl. Rössler 2017, S. 18.
[151] Vgl. Aeppli et al. 2016, S. 256ff.
[152] Vgl. Kuckartz 2018, S. 97f.

Schritt die Zusammenfassung der Inhalte pro Unter- und Hauptkategorie folgt.[153] Die einzelnen Schritte werden in der Abbildung 1 zusammenfassend dargestellt.
Anschließend kann eine quantitative Betrachtung des ausgewerteten Materials vorgenommen werden.[154] Die Ergebnisse der qualitativen Inhaltsanalyse werden aufgrund des Umfangs der Arbeit lediglich kurz dargestellt. Zuletzt erfolgt die Reflexion der gesamten Untersuchung und insbesondere die Auswahl der Methodik sowie die Einhaltung der inhaltsanalytischen Gütekriterien.[155]

---

153 Vgl. Mayring 2015, 60, 104.
154 Vgl. Aeppli et al. 2016, S. 257.
155 Vgl. Diekmann 2018, S. 607ff.

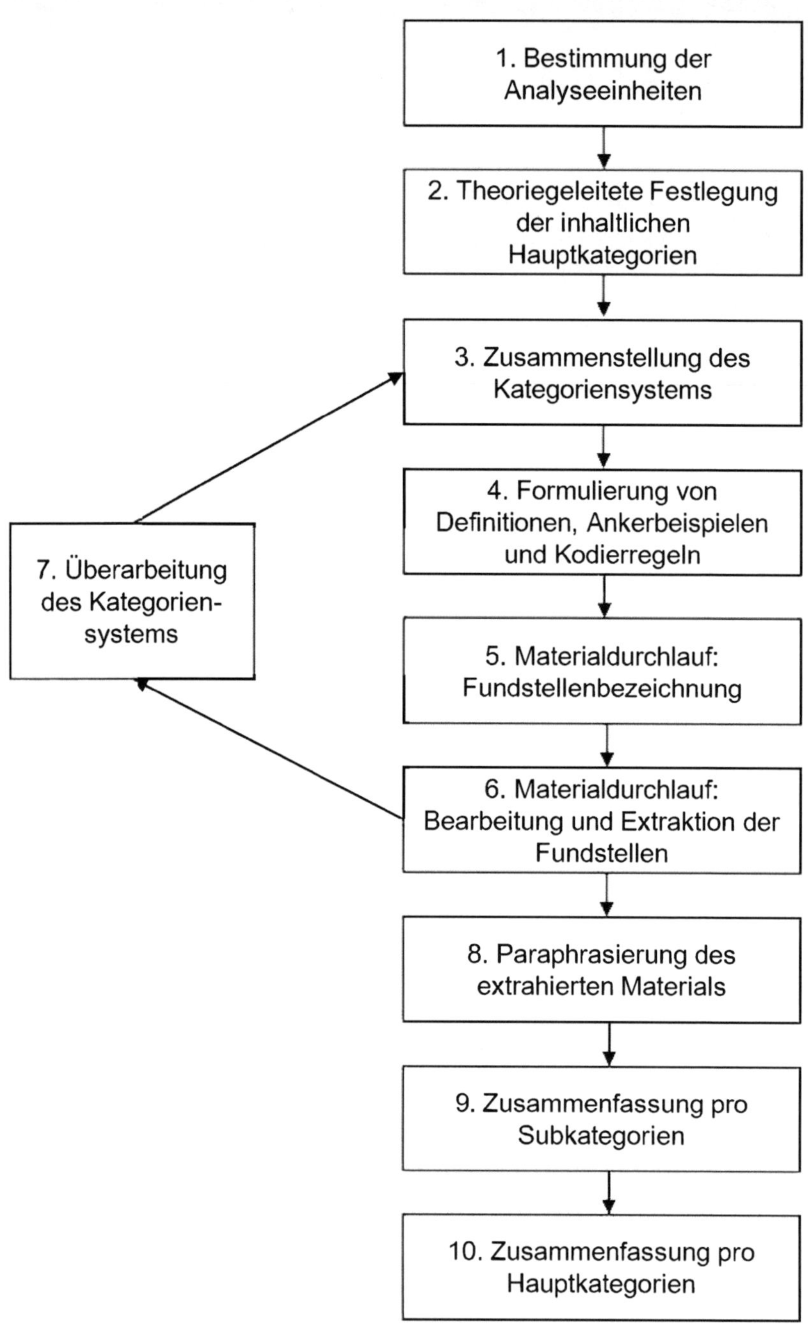

Abbildung 1: Ablaufmodell inhaltlicher Strukturierung[156]

[156] Vgl. Mayring 2015, S. 98,104.

4.2 Bestimmung des Untersuchungsmaterials

Zur Bestimmung der Auswahleinheit wurde eine mehrstufige Verfahrensweise angewandt, mit welcher anhand der Anforderungen der Forschungsfrage verschiedene Eingrenzungen vorgenommen wurden. Zunächst wurde der relevante Zeitraum auf die Zeitspanne 01.01.2019 bis 31.12.2019 beschränkt. Hierbei war das Erscheinungsdatum der jeweiligen Medieninhalte ausschlaggebend.[157] Als räumlicher Geltungsbereich wurde dabei sowohl im Hinblick auf den Untersuchungsbereich als auch bei dem Erscheinungsort der Artikel Deutschland festgelegt.[158]

Als Teilbereich der Printmedien wurden Tageszeitungen aus zweierlei Gründen ausgewählt. Zum einen genießen sie eine hohe Akzeptanz in der Bevölkerung und zum anderen dienen sie der tagesaktuellen Berichterstattung. Zusätzlich wurde ein online verfügbares Nachrichtenmagazin bestimmt, um eine Referenz zu den Tageszeitungen zu bilden.[159] Die Onlinezeitungen erfüllen die förmlichen Ansprüche der Berichterstattung und stimmen häufig mit der Printausgabe überein, sodass diese als Printmedien subsumiert werden können.[160]

Sowohl die Tageszeitungen als auch die Nachrichtenportale sind einem hohen Aktualitätsdruck und dem Bestreben nach einem breiten Themenspektrum ausgesetzt. Die online verfügbaren Inhalte sind jedoch dynamisch und können in den Datenbanken dauerhaft überarbeitet werden, daher ist eine Archivierung der verwendeten Inhalte dringend geboten.[161]

In Bezug auf die Ressorts werden keine Einschränkungen vorgenommen, da sowohl regionale als auch überregionale Inhalte aus allen Sparten betrachtet werden sollen. Weiterhin wird ausschließlich das reine Textmaterial der Artikel ohne dazugehörige Bilder oder Kommentare ausgewertet.[162] Durch den erläuterten Filterungsprozess umfasste die Auswahleinheit alle Artikel mit thematisch passendem Bezug, welche im Zeitraum 01.01. bis 31.12.2019 mit dem Geltungsbereich Deutschland erschienen sind.

---

157 Vgl. Meyen et al. 2011, S. 145f.
158 Vgl. Rössler 2017, S. 55.
159 Vgl. Beck 2018, S. 119ff., 321f.
160 Vgl. Taddicken 2019, S. 1157ff.
161 Vgl. Rössler 2017, S. 65ff.
162 Vgl. Maurer und Reinemann 2006, S. 42ff.

4.2.1 Thematische Eingrenzung

Im Folgenden wurde die Auswahleinheit durch den thematischen Bezug zu der Forschungsfrage, mit welchen Formen von psychischer Störung Polizeibeamte im Einsatz konfrontiert werden, weiter eingegrenzt. Daher wurden die Zeitungsartikel untersucht, welche sich auf den Polizeieinsatz mit psychisch auffälligen oder gestörten Personen beziehen. Die Analyse der Artikel umfasste lediglich die aktuellen Geschehnisse und exkludierte alle Berichte über Gerichtsverfahren und Urteilssprechungen. Für diese Meldungen stehen häufig mehr Informationen über den persönlichen Hintergrund oder über die Erkrankung der betroffenen Person zur Verfügung. Diese Hinweise liegen jedoch im Einsatz der Polizei nicht vor. Zur Datenerhebung wurde die Suchfunktion in der Datenbank WISO[163] verwendet, welche durch die Lizenz der Ruhr-Universität Bochum zugänglich ist. Dieses Portal umfasst die vollständigen Zeitungsartikel und die Möglichkeit zum Download. Durch die eigene Archivierung der Zeitungsartikel wurde sichergestellt, dass diese nachträglich nicht verändert werden.

Die Suchfunktion muss jedoch kritisch betrachtet werden, da möglicherweise geeignete Inhalte nicht erfasst wurden. Aufgrund der hohen Anzahl und den daraus resultierenden forschungspragmatischen Gründen können jedoch nicht in mehreren Zeitungen alle Artikel des Jahres 2019 nach Übereinstimmungen überprüft werden. Um eine Fehlerquote im Sinne der Nichterfassung zu vermeiden, wurden die Schlagwörter mit Trunkierung gewählt.[164]

Das angestrebte Ziel war ein möglichst umfassendes Spektrum an verschiedenen polizeilichen Einsatzanlässen und Szenarien mit psychisch auffälligen oder gestörten Personen zu erhalten. Als Suchparameter wurde zunächst der Zeitraum 01.01. bis 31.12.2019 und die Suche in der deutschen Presse eingestellt. Weiterhin wurden „Polizei* psychisch*“ als permanente Operatoren festgelegt, da durch diese alle Artikel mit den gewählten Schlagwörtern gefiltert werden. Durch die Trunkierung wurden ebenfalls Inhalte mit Begriffen wie bspw. Polizeieinsatz oder polizeiliche Maßnahme selektiert. Die Recherche erzielte übermäßig viele Treffer in den 169 Zeitungen der Datenbank WISO, sodass eine Eingrenzung durch ein weiteres Schlagwort folgte. Die Begriffe „Störung, gestört und auffällig“ führten nicht zu einer angemessenen Trefferanzahl und wurden daher nicht verwendet. Der umgangssprachliche Begriff „krank*“ erzielte hingegen insgesamt 8307 Treffer und wurde aufgrund der geeigneten

---

[163] Vgl. GBI-Genios Deutsche Wirtschaftsdatenbank GmbH o. J., o. S. Die nachfolgenden Suchergebnisse beziehen ausschließlich auf diese Quelle.

[164] Vgl. Taddicken 2019, S. 1160.

Menge in die abschließenden Suchparameter „Polizei* psychisch* krank*" aufgenommen. Da Deutschland als Suchparameter zu einer enormen Reduzierung der Trefferanzahl führte, wurde diese Kriterium manuell selektiert. Die unterschiedlichen Resultate werden durch die Tabelle 1 dargestellt.
Eine Vollerhebung sowie Analyse aller 8307 passenden Publikationen war aufgrund der Menge nicht möglich. Daher wurde als Ziel eine Vollerhebung aller relevanten Artikel je ausgewählter Zeitung festgelegt.[165]

Tabelle 1: Thematische Eingrenzung durch verschiedene Suchalgorithmen[166]

Datenbank	Erscheinungsdatum	Weitere Einschränkungen	Suchalgorithmus	Trefferanzahl
WISO	01.01.2019-31.12.2019		"Polizei* psychisch* Störung*"	2040
WISO	01.01.2019-31.12.2019		"Polizei* psychisch* gestört*"	480
WISO	01.01.2019-31.12.2019		"Polizei* psychisch* auffällig*"	1617
WISO	01.01.2019-31.12.2019		"Polizei* psychisch* krank*"	8307
WISO	01.01.2019-31.12.2019	Geltungsbereich Deutschland	"Polizei* psychisch* krank*"	1630

4.2.2 Bestimmung der Analyseeinheit

Die bereits erläuterte Auswahleinheit wurde durch weitere Entscheidungen im Sinne eines strukturgleichen Abbilds der Grundgesamtheit dezimiert, um eine angemessene Analyseeinheit zu erhalten. Eine zufällige oder systematische Stichprobe zur Gewährleistung der Repräsentativität war aufgrund der thematischen Eingrenzung und dem Ziel, eine Vollerhebung aller relevanten Artikel des Jahres 2019 von mehreren Zeitungen umzusetzen, nicht zielführend. Somit war eine bewusste Auswahl von Publikationen notwendig, welche jedoch zu Einschränkungen in der Allgemeingültigkeit führte.[167]
Eine Auswahl von typischen Fällen kann durch fundierte Argumente basierend auf der Zielsetzung der Untersuchung und deren charakteristische Merkmale legitimiert werden. Diese Vorgehensweise kann durch die Wahl von Medien mit einer hohen Bevölkerungsresonanz und die Verwendung von Qualitätszeitungen belegt werden. Die Verwendung von verschiedenen Quellen sowie von überregionalen und

[165] Vgl. Rössler 2017, S. 57ff.
[166] Eigene Darstellung
[167] Vgl. Diekmann 2018, S. 376ff.

lokalen Zeitungen in Anlehnung an die Quotenauswahl dienen zur Absicherung der Erkenntnisse.[168]
Um diesen Anforderungen und einer adäquaten Reichweite gerecht zu werden, wurde als Minimum eine jährliche Leserzahl der Onlinezeitung von 900.000 laut Informationsgesellschaft zur Feststellung der Verbreitung von Werbeträgern e. V. (IVW) festgelegt. Weiterhin wurde beachtet, dass pro Zeitung tendenziell zwischen 30 und 100 Treffern erzielt wurden und darüber hinaus nur Einzelne davonabwichen. Die Auswahl einer Zeitung in der zuvor beschriebenen Untersuchungsspanne schien daher sinnvoll, um kein verzerrtes Abbild der Grundgesamtheit zu erhalten. Diese Kriterien erfüllten das Nachrichtenportal Spiegel Online sowie die Tageszeitungen Die Welt, Frankfurter Neue Presse, Main Post und Rheinische Post. Somit bildet diese Auswahl ein Leitmedium, zwei Redaktionen mit regionalem Schwerpunkt und jeweils einer Großstadt sowie eine lediglich lokale Berichterstattung ab. Die Analyseeinheit umfasst basierend auf dieser Auswahl eine Trefferanzahl von 322. Zusätzlich wurde die bisher festgelegte Analyseeinheit mit der Leipziger Volkszeitung und der Süddeutschen Zeitung über das eigenständige Archiv verglichen. Daraus konnten jedoch keine erheblichen neuen Erkenntnisse gewonnen werden, sodass diese Zeitungen nicht miteinbezogen wurden.

4.2.3 Bestimmung der Stichprobe

Nach der annähernden Vollerhebung aller Artikel in den determinierten Zeitungen durch die bereits erläuterte Suchfunktion folgte während der Sichtung die weitere Selektierung. Neben den relevanten Artikeln über Polizeieinsätze waren häufig Gerichtsverfahren mit psychisch gestörten Personen sowie Hilfsangebote für psychisch belastete Menschen Thema der aussortierten Zeitungsartikel. Im nächsten Schritt wurden alle signifikanten Inhalte in Gänze heruntergeladen und archiviert, da die gesamten Artikel mit Überschrift zur Analyse dienten. Im Folgenden wurde ausschließlich mit den archivierten Beiträgen gearbeitet, um eine Veränderung der Onlineinhalte zu umgehen. Durch die Selektierung dezimierte sich die Trefferanzahl von 322 auf lediglich 102 relevante Artikel. Bei der Betrachtung der relevanten Artikel über polizeiliche Einsätze mit psychisch gestörten Personen überschnitten sich einige Inhalte insbesondere bei deutschlandweit bekannten Fällen im überregionalen Zeitungsteil. Die Berichterstattungen über diese Fälle wurden daraufhin in einer gemeinsamen Fallnummer zusammengefasst, sodass jeder Artikel eine laufende und eine fallbezogene Nummer besitzt. Die Tabelle 2 im Anhang stellt die

[168] Vgl. Rössler 2017, S. 62ff.

Reduktion der Treffermenge pro Zeitung durch die Auswahl der relevanten Artikel als laufende Nummer und durch die vergebenen Fallnummern dar.
Die Abbildung 2 veranschaulicht den Entscheidungsprozess bezüglich der Auswahleinheit und der Stichprobe, bei welche im Endergebnis aus 102 Artikeln 70 Fälle assoziiert wurden.

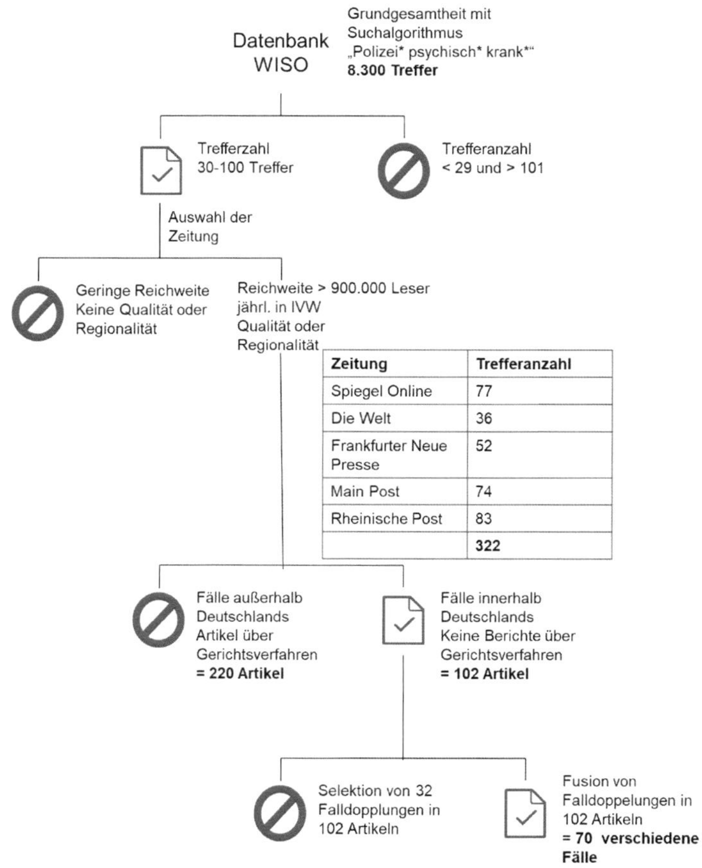

Zeitung	Trefferanzahl
Spiegel Online	77
Die Welt	36
Frankfurter Neue Presse	52
Main Post	74
Rheinische Post	83
	322

Abbildung 2: Bestimmung der Stichprobe[169]

Die notwendige Anzahl der Fälle kann bei der qualitativen Forschung nicht pauschal benannt werden und variiert in Abhängigkeit zu dem Untersuchungsziel. Generell ist von Bedeutung, dass nur so viele Artikel bearbeitet werden, sodass eine intensive Auswertung und

[169] Eigene Darstellung

Interpretation möglich sind. Vor diesem Hintergrund wurde die Fallzahl von 70 als angemessen bewertet.[170] Die Analyse stellt nicht den Anspruch auf Vollständigkeit, da andere Zeitungsartikel weitere Fallkonstellationen enthalten können.

4.3 Kategorienbildung

Der Schwerpunkt der Inhaltsanalyse liegt auf der Erstellung von Kategorien, um dadurch alle relevanten und aussagekräftigen Kommunikationsinhalte aus den Analyseeinheiten im Hinblick auf die Forschungsfrage herauszufiltern. Eine Kategorie zeichnet sich durch ihre genaue Definition und die Ausführung über deren Indikatoren mit Beispielen aus.[171]

Das gesamte Kategoriensystem umfasst folglich alle Kategorien in den verschiedenen Ausprägungen sowie alle formalen und inhaltlichen Anforderungen an das Untersuchungsmaterial. Die Anforderungen an das Kategoriensystem sind Validität zur Erfassung aller relevanten Textstellen sowie Objektivität und Reliabilität zur Gewährleistung der intersubjektiven Analyse.[172]

Weiterhin sind die vollständige Erfassung aller Dimensionen in den Haupt- und Unterkategorien und die Entwicklung von trennscharfen Abgrenzungsmerkmalen essentiell, um ein erschöpfendes Kategoriensystem zu erhalten. Zusätzlich müssen alle Kategorien auf der gleichen sachlichen Ebene und dem entsprechenden Allgemeinheitsgrad basieren.[173]

In der vorliegenden Arbeit wurde zur Untersuchung der Forschungsfrage die Verwendung von faktenbezogenen Kategorien gewählt, um ein bestimmtes und zumindest vermeintlich objektives Ereignis und die jeweiligen Verhaltensweisen abzubilden. Weiterhin wurde ein hierarchisches Kategoriensystem festgelegt, bei welchem durch die Ober- und Unterkategorien alle Inhalte abgedeckt werden sollen.[174]

Die formalen Kriterien der Inhaltsanalyse wurden bereits in den vorausgegangenen Abschnitten zur Auswahl der Analyseeinheit betrachtet. Die Entwicklung des Kategoriensystem erfolgte sowohl deduktiv durch theoriegeleitete Aspekte als auch induktiv durch die Herausarbeitung der Unterkategorien.[175]

---

[170] Vgl. Lamnek und Krell 2016, S. 183ff.
[171] Vgl. Früh 2011, S. 82ff.
[172] Vgl. Hussy et al. 2013, S. 256ff.
[173] Vgl. Früh 2011, S. 87.
[174] Vgl. Kuckartz 2018, S. 34ff.
[175] Vgl. Hussy et al. 2013, S. 257f.

Die deduktiv erstellten Inhalte dienen bei der Textanalyse als Ausgangspunkt und als Suchraster für die spezifischeren Subkategorien. Nach dem ersten Materialdurchgang folgt die Auflistung von Subkategorien mit den Definitionen und Fundstellen. Die Erarbeitung des Kategoriensystems und insbesondere der Definitionen erfolgte in Anlehnung an die Vorgaben nach Kuckartz.[176]

Bei der gesamten Inhaltsanalyse gilt, dass die Informationen meistens von der Polizei, weiteren Rettungskräften oder von der Presse stammen und durch die Artikelverfassende eigenständig interpretiert und formuliert werden können. Da es sich dabei häufig nicht um psychiatrische Einschätzungen oder nur um umgangssprachliche Formulierungen handelt, kann es zu fachlich undifferenzierten oder inkorrekten Beschreibungen kommen. Zum Teil wurden die allgemeinen Begriffe übernommen, da z. B. eine polizeirechtliche Bewertung aufgrund der geringen Informationsmenge nicht valide wäre. In diesem Abschnitt wird die Auswahl der Kategorien lediglich kurz erläutert, allerdings wurden alle Begriffe und insbesondere die Subkategorien zusammen mit den Definitionen und Beispielen in der Tabelle 3 im Anhang ausführlich dargestellt. Zusätzlich werden die Subkategorien im Ergebnisteil zunächst in Anlehnung an das Kategoriensystem prägnant definiert.

Im Hinblick auf die Forschungsfrage wurde *Psychische Störungen* als Hauptkategorie festgelegt. Die erste Subkategorie lautete Hinweise auf psychische Störung für alle unspezifischen Informationen zu psychischen Auffälligkeiten. Nach dem ersten Materialdurchgang wurden Alkohol- und Betäubungsmittelkonsum, wahnhafte Störung, Störung der Sexualpräferenz sowie Vorsätzliche Selbstbeschädigung als Unterkategorie aufgenommen.

Als weitere signifikante Kategorie wurde der *Einsatzanlass* zur Darstellung der Handlungen von den betroffenen Personen, welche zu dem polizeilichen Einsatz geführt haben, gewählt. Dies inkludiert alle Verhaltensweisen gegenüber anderen Personen, Gegenständen und sich selbst vor dem Eintreffen von Polizeikräften. Infolgedessen kann die Korrelation zwischen den psychischen Auffälligkeiten und dem Einsatzanlass untersucht werden.

In Anlehnung an Feltes und Alex wurden bereits die Unterkategorien Angriff mit körperlicher Gewalt sowie Angriff und Bedrohung mit einer Waffe oder einem gefährlichen Gegenstand festgelegt. Weiterhin wurde häusliche Gewalt als zusätzliche Kategorie aufgenommen.[177]

---

[176] Vgl. Kuckartz 2018, S. 97ff.

[177] Vgl. Feltes und Alex 2020, S. 288ff.

Weitere Subkategorien, wie z. B. Verkehrsverstoß und Brandstiftung, wurden induktiv anhand des Materials entwickelt.
Als nächstes folgte die Kategorie *Verhalten bei Interaktion mit Polizeivollzugsbeamten*, um mögliche Änderungen der Verhaltensweise nach Eintreffen der Polizei abzubilden. Das Verhalten umfasst dabei die Dimensionen aktives Handeln bspw. in Form eines Angriffs, Widerstand oder widerstandsloses Verhalten. Zusätzliche Subkategorien sind Flucht, Verbarrikadieren und Autoaggressives Verhalten oder Suizid. Teilweise waren jedoch keine Informationen über eine Verhaltensänderung durch die Konfrontation mit Polizeibeamten vorhanden, sodass diese Kategorien nicht berücksichtigt werden konnten.
Die folgende Kategorie *Polizeiliche Maßnahmen* umfasst die Reaktionen der Einsatzkräfte auf die Konfrontation mit den psychisch auffälligen Personen sowie spezifische polizeitaktische Schritte, wie bspw. Fahndung oder Einsatz von Spezialeinsatzkommando. Außerdem wurden in Anlehnung an Feltes und Alex die Subkategorien Einsatz von körperlicher Gewalt, von Tasern, dem Reizstoffsprühgerät und der Schusswaffe erstellt.[178]
Die letzte Hauptkategorie *Verbleib der Person* beschreibt sowohl den freiwilligen oder zwangsweise durchgesetzten Aufenthaltsort als auch den Tod. Die weiteren Subkategorien lauten Polizeigewahrsam, Justizvollzugsanstalt, Psychiatrie, Krankenhaus und unbekannter Ort. Die letzten beiden Hauptkategorien wurden ebenfalls induktiv am Material entwickelt.

4.4 Datenauswertung

Für die Auswertungen standen 102 Zeitungsartikel bezogen auf 70 unterschiedliche Fälle zur Verfügung, wobei als kleinstes Element das einzelne Wort und als größte Komponente der nahezu gesamte Artikel zusammengefasst codiert wurde. Die Analyse gliedert sich in die Schritte Codierung und Datenübertragung in das gewählte Analyseprogramm sowie in dem wiederholten Materialdurchgang zur Fehlerkontrolle und ggf. zur Überarbeitung der Kategorien.[179] Danach folgt die Zusammenfassung der Kategorien und Subkategorien im Ergebnisteil sowie eine quantitative Betrachtung der Kategorien.[180]
Als praktische Vorgehensweise wurde die manuelle Codierung mithilfe einer Excel-Tabelle gewählt (siehe Tabelle 4 im Anhang), da eine Codiereinheit sowohl aus einem Wort oder einem Satz als auch dem

[178] Vgl. Feltes und Alex 2020, S. 293f.
[179] Vgl. Diekmann 2018, S. 659ff.
[180] Vgl. Kuckartz 2018, 49, 118.

gesamten Artikel in zusammengefasster Form bestehen konnte. Der Fokus lag dabei auf den unterschiedlichen Fällen und Situationen, die sich teilweise aus mehreren Zeitungsartikeln zu demselben Fall ergaben. Die inhaltliche Strukturierung wurde durch das Kategoriensystem unabhängig von der Auswertungsform gewährleistet.[181] Zum Teil kann der gesamte Fall auf eine Subkategorie dezimiert werden. Jedoch ist teilweise der Verlauf der Ereignisse wichtig, sodass mehrere untergeordnete Begriffe pro Kategorie codiert wurden.
Nach den kategoriegeleiteten Ergebnissen folgen die quantifizierenden Darstellungen sowohl der Häufigkeiten der einzelnen Kategorien als auch der Korrelationen, um systematisch die Zusammenhänge zwischen den psychischen Störungen, den Einsatzanlässen und dem Verhalten bei Interaktion zu untersuchen.[182] Jedoch erschwert die Codierung von mehreren Subkategorien pro Fall die quantitative Auswertung.

5. Kategoriengeleitete Darstellung der Ergebnisse

Durch die dargestellte Methodik konnten die einzelnen Fälle nach der Analyse den Kategorien psychische Störung, Einsatzanlass, Verhalten bei Interaktion mit Polizeibeamten, polizeiliche Maßnahmen und Verbleib der Person zugeordnet werden. Die ersten beiden Kategorien wurden in Bezug auf die Forschungsfrage besonders ausführlich mit vielen Beispielen dargestellt. In diesem Abschnitt werden die Subkategorien zunächst in Anlehnung an das Kategoriensystem prägnant definiert. Teilweise erfüllten die Fälle mehrere Subkategorien, wie z.B. Sachbeschädigung und im weiteren Verlauf Angriff mit körperlicher Gewalt. Durch die detaillierte Aufführung der Fälle können die Entwicklungen im Verhalten und eine mögliche Eskalation abgebildet werden. Jedoch ist eine zusätzliche quantitative Auswertung aufgrund der Dopplungen schwierig, weswegen im Folgenden nur absolute Zahlen genannt werden. Nach der Ausführung aller Ergebnisse pro Kategorie mit jeweils einer zusammenfassenden Abbildung folgt eine quantitative Analyse in Form von zwei Kreuztabellen.

5.1 Psychische Störungen

In der Kategorie psychische Störungen war die Subkategorie *Hinweise auf psychische Störung* am häufigsten vertreten. Diese umfasst alle Auffälligkeiten oder Anhaltspunkte für eine psychische Erkrankung, welche nicht näher klassifiziert wurden. 50 von 70 Fällen wurden dieser Subkategorie zugeordnet, wobei Fälle mit psychischen

[181] Vgl. Meyen et al. 2011, S. 172ff.
[182] Vgl. Kuckartz 2018, S. 119f.

Auffälligkeiten und Alkohol- oder Betäubungsmittelkonsum in beiden Rubriken erfasst wurden. Diese hohe Fallzahl kann zum einen an der geringen Informationslage und möglichen Verallgemeinerungen durch die Presse sowie zum anderen daran liegen, dass psychische Störungen vor Ort in der begrenzten Zeit nur sehr schwierig erkannt werden können.

Zum Beispiel schrie ein junger Mann längere Zeit auf der Straße herum, sodass die Nachbarschaft die Polizei informierte. Zusätzlich trat der Mann gegen einen Pkw und griff die Eigentümerin an. Danach lief er zurück in seinen Garten, wo die Polizei ihn schließlich antraf. Laut Polizei wurde er aufgrund der anhaltenden Aggressionen gegen andere Menschen im Zusammenhang mit Hinweisen auf eine psychische Störung in eine psychiatrische Klinik eingewiesen. Allerdings wurden die psychischen Auffälligkeiten im Artikel nicht konkretisiert.[183]

In der nächsten Subkategorie *Alkohol- und Betäubungsmittelkonsum* kann zunächst nur die akute Intoxikation und nicht ein dauerhafter Missbrauch beurteilt werden. Vorliegend wurden nur Fälle miteinbezogen, bei welchen zusätzliche Hinweise auf eine nicht näher definierte psychische Störung vorliegen. Aufgrund dieser Verknüpfung konnten sie durch die Suchparameter erfasst werden. Generell können nur schwer Aussagen über eine Abhängigkeit aufgrund der geringen Informationslage in den Zeitungsartikeln getroffen werden.

In Fall 52 schrie und tobte eine erheblich alkoholisierte Frau in einem Hotel.[184] Ferner randalierte ein junger Mann mit einer Alkoholintoxikation von 1,2 Promille in einer Gaststätte und verursacht einen hohen Sachschaden.[185] Diese beiden Fälle im Zusammenhang geringfügiger Straftaten oder Ordnungsstörungen veranschaulichen die enthemmende Wirkung und die Beeinträchtigung der Reflexionsfähigkeit durch den Alkoholkonsum.

In mehreren Fällen flüchteten die Personen unter Alkohol- und/oder Betäubungsmittel mit einem Pkw, nachdem sie zuvor Straftaten begangen hatten. Beispielsweise schlug in Fall 18 ein Mann an mehreren Örtlichkeiten auf Fahrzeuge ein und zog anschließend eine Frau aus ihrem Pkw, um mit diesem zu flüchten. Die Person stand unter dem Einfluss von Betäubungsmitteln und machte sich daher unter anderem wegen § 316 StGB Trunkenheit im Straßenverkehr strafbar.[186] Fall 22 und Fall 33 verliefen ähnlich, wobei in Fall 33 der alkoholisierte

---

[183] Vgl. Fall 45, Lfd. Nr. [67].
[184] Vgl. Fall 52, Lfd. Nr. [74].
[185] Vgl. Fall 37, Lfd. Nr. [57].
[186] Vgl. Fall 18, Lfd. Nr. [31].

Mann zunächst seinen Bruder bedrohte und in dem Fahrzeug mehrere Waffen mitführte.[187]
Ferner entzündete ein Mann unter dem Einfluss von Alkohol und Betäubungsmitteln an einer Tankstelle austretendes Benzin und flüchtete mit seinem Pkw, wobei die Polizei nach kurzer Zeit die Verfolgung aufnahm. Der Täter wendete mehrfach riskant und überfuhr einige Rotlicht zeigende Ampeln, wodurch er den Straßenverkehr deutlich gefährdete.[188] Diese Fälle veranschaulichen die gesteigerte Risikobereitschaft und die besonderen Gefahren im Straßenverkehr in Folge des Alkohol- und Betäubungsmittelkonsums für die Beteiligten und die gesamte Öffentlichkeit.
Hingegen trank in Fall 49 ein Bewohner einer psychiatrischen Einrichtung Desinfektionsmittel mit einem hohen Alkoholanteil und bedrohte daraufhin die Pfleger sowie die eintreffenden Polizeibeamten. Er leistete erheblichen Widerstand gegen die polizeilichen Maßnahmen und hatte einen Wert von 2,75 ‰, wobei nicht geklärt ist, ob dieser ausschließlich durch das Trinken von Desinfektionsmittel hervorgerufen wurde oder, ob er noch weitere alkoholische Getränke konsumiert hatte.[189] Dieses selbstbeschädigende Handeln spricht für eine Abhängigkeit mit dem anhaltenden Drang das Suchtmittel unabhängig von der Form zu konsumieren, da sonst Entzugserscheinungen eintreten.
Eine andere Art von vorsätzlicher Selbstbeschädigung im Zusammenhang mit Drogenintoxikation verdeutlicht Fall 67. Bei diesem griff ein psychisch kranker Mann mehrere Nachbarn mit einem Messer an und verletzte diese teilweise schwer. Beim Eintreffen von Polizeikräften drohte er damit aus großer Höhe von einem Balkon zu springen.[190] Dieser Fall könnte daraufhin deuten, dass die Betäubungsmittel die psychische Störung oder einzelne Symptome verstärkt haben oder ein psychotischer Zustand eingetreten ist. Zusammenfassend lässt sich feststellen, dass die berauschende Wirkung von Suchtmitteln häufig zu einer gesteigerten Risikobereitschaft führt. Es ist festzustellen, dass in den Artikeln lediglich der Konsum von Betäubungsmittel beschrieben wird, jedoch fehlt in den meisten Fällen eine Spezifikation.
Die nächste Unterkategorie lautete *wahnhafte Störungen* und wurde in drei verschiedenen Fällen erfüllt. Diese beschreiben einzelne oder aufeinander bezogene Wahninhalte, welche über einen längeren Zeitraum andauern. Zudem umfasst diese Gruppe schizophrene

[187] Vgl. Fall 33, Lfd. Nr. [52].
[188] Vgl. Fall 66, Lfd. Nr. [94].
[189] Vgl. Fall 49, Lfd. Nr. [71].
[190] Vgl. Fall 67, Lfd. Nr. [95].

Störungen, welche in den Fallbeispielen nicht vertreten war, und psychotische Störungen. Diese Form ist definiert als akutes Auftreten von verschiedenen Syndromen im Zusammenhang mit einer gegenwärtigen Belastungsreaktion.[191]

In Fall 1 fuhr ein Täter mit seinem Pkw in mehrere Menschengruppen, um gezielt Menschen mit Migrationshintergrund zu verletzen oder sogar zu töten. Nach der Tat wurde bekannt, dass der Täter seit vielen Jahren in psychiatrischer Behandlung war und unter Schizophrenie litt. Diese psychische Störung kann Wahnvorstellungen, Halluzinationen und desorganisiertes Verhalten verursachen. Mutmaßlich hatte die Person durch Wahnvorstellungen und laut eigener Angabe eine Eingebung, dass Menschen mit Migrationshintergrund am Hauptbahnhof einen Anschlag planen. Aus diesem Grund hatte er die Menschen gezielt mit dem Pkw angefahren.[192]

In Fall 12 als zweites Beispiel für eine wahnhafte Störung griff ein psychisch gestörter Mann mit einem Messer Fritz von Weizsäcker an, weil er Wahnvorstellungen bezüglich dessen Vater hatte und diesen für den Tod von vielen Menschen verantwortlich machte. Dies kommunizierte der Täter offen nach der Tat, bei der das Opfer vor Ort verstarb.[193] Dies verdeutlicht, dass durch die Interaktion und Kommunikation mit dem Täter zeitnah auffiel, dass er augenscheinlich wirre Aussagen machte, die für ihn jedoch die Realität darstellen. Beide Fälle veranschaulichen, dass durch die wahnhaften Vorstellungen die Denkprozesse und die persönlichen Entscheidungen maßgeblich und wahrscheinlich über mehrere Jahre beeinflusst wurden sowie zu gewalttätigen Handlungen gegenüber Fremden führten. Sowohl in Fall 1 als auch in Fall 12 wurden ein oder mehrere Menschen schwer verletzt bzw. sogar tödlich verletzt, welches eine übermäßige Gewaltanwendung zeigt.

In Fall 68 war der Mann bereits polizeilich aufgrund von diversen geringfügigen Straftaten und Ordnungsstörungen sowie psychischen Auffälligkeiten bekannt. An diesem Tag bedrohte er jedoch sowohl die Nachbarschaft als auch die eintreffenden Polizeibeamten mit Messern. Die Beamten schätzten seinen Zustand infolge der gesteigerten Gewaltbereitschaft und dem starken Verwirrtheitsgrad im Vergleich zu den vorangegangenen Einsätzen als psychotisch ein. Deswegen sicherten die ersten Beamten bis zu dem Eintreffen von weiteren Polizeibeamten und Spezialkräften in großen Abstand den Bereich um die Wohnung durch eine Umstellung. Vorsorglich standen

[191] Vgl. Dilling et al. 2015, S. 141f.
[192] Vgl. Fall 1, Lfd. Nr. [8].
[193] Vgl. Fall 12, Lfd. Nr. [15].

bereits Rettungskräfte bereit.[194] Aufgrund der bereits bekannten und daher länger andauernden Hinweise auf eine psychische Störung könnte es sich jedoch auch um eine andere Störungsform gehandelt haben. Trotzdem zeigt dieser Fall, dass die Beamten durch die bereits bekannten Hinweise auf psychische Auffälligkeiten ihre Herangehensweise anpassen konnten.
Die nächste Subkategorie *Störung der Sexualpräferenz* umfasst alle Formen von ungewöhnlichen sexuell erregenden Fantasien und dranghafter Bedürfnisbefriedigung.[195] Im Fall 10 vergewaltigte ein Mann ein Elfjähriges Mädchen und missbrauchte dieses schwer in einem Gebüsch. Der Täter war aufgrund einer ähnlichen Tat bereits vorbestraft und jahrelang in einem psychiatrischen Krankenhaus untergebracht bis eine Lockerung erfolgte. Diese anhaltende sexuellen Neigung zu Kindern stellt eine pädophile Verhaltensstörung dar.[196]
Hingegen entblößte sich im Fall 25 die Betroffene gezielt im Vorraum einer Toilette in Anwesenheit von weiteren Frauen und zuvor bereits vor den Polizeibeamten in einer Toilettenkabine.[197] Dies könnte ebenfalls auf eine Störung der sexuellen Präferenz oder eine andere psychische Auffälligkeit hindeuten.
Die letzte Unterkategorie lautet *vorsätzliche Selbstbeschädigung* und zählt nach der ICD-10-Klassifizierung nicht zu den psychischen Störungen. Jedoch treten Suizidalität und selbstverletzendes Verhalten ohne suizidale Absicht häufig komorbid mit psychischen Störungen, insbesondere mit Depressionen, Schizophrenie und Substanzabhängigkeit auf.[198]
Im Fall 9 und Fall 36 töteten die Männer jeweils zunächst eine nahestehende Person und anschließend sich selbst. Dies ist definiert als erweiterten Suizid. Dabei war lediglich im Fall 36 bekannt, dass die Person unter einer nicht näher klassifizierten psychischen Störung litt und sich in Behandlung befand.[199] Weiterhin unternahm eine Elfjährige mutmaßlich wegen Mobbing in der Schule einen Suizidversuch. Sie verstarb an den Folgen wenige Tage später im Krankenhaus.[200]
In mehreren anderen Fällen kam es zu Drohungen mit suizidalen oder selbstverletzenden Handlungen, speziell bei der Konfrontation mit Anderen oder der Polizei. Beispielsweise bedrohte in Fall 40 der

[194] Vgl. Fall 68, Lfd. Nr. [96].
[195] Vgl. Staud 2012, S. 53f.
[196] Vgl. Fall 10, Lfd. Nr. [13].
[197] Vgl. Fall 25, Lfd. Nr. [40].
[198] Vgl. Nedopil und Müller 2012, S. 334ff.
[199] Vgl. Fall 36, Lfd. Nr. [55].
[200] Vgl. Fall 19, Lfd. Nr. [32].

Mann zunächst die Beamten mit einer Machete und anschließend kündigte er an, sich damit selbst zu verletzen.[201]
In zwei anderen Fällen verbarrikadierten sich die Männer jeweils in einem Zimmer einer psychiatrischen Einrichtung, die von der Polizei umstellt wurde und verletzten sich während der Gesprächsführung sowie den Verhandlungen zu einer gewaltfreien Lösung selbst.
Im Fall 54 war der Mann anscheinend für die Gespräche mit der Polizei nicht zugänglich und konnte durch diese nicht beruhigt bzw. zur Ablage der Glasscherben bewegt werden. Jedoch konnte der behandelnde Arzt mit seinen Patienten in der Muttersprache kommunizieren und diesen zur Aufgabe bewegen.[202] Dieses Beispiel zeigt, dass sprachliche Barrieren eine Kommunikation erschweren oder verhindern können. Generell ist es sinnvoll professionelle Hilfe hinzuziehen und wie in Fall 54 idealerweise den behandelnden Arzt, welcher die psychische Störung einschätzen kann und Vertrauen schafft, soweit dies ohne Gefährdung möglich ist. Ebenso kann die Uniform der Beamten zu einer Verunsicherung oder zu einer Verknüpfung mit negativen Erfahrungen führen, sodass das Hinzuziehen von zivilen Kräften ggf. sinnvoll ist.
In Fall 51 war der Mann ebenfalls nicht zugänglich und lief mit einem Messer bewaffnet auf die Beamten zu, nachdem er die verbarrikadierte Tür beschädigt hatte. Ein Angehöriger des Spezialeinsatzkommandos (SEK) schoss dem Mann ins Bein, als dieser ihn mit dem Messer angriff.[203] Möglicherweise stellte dieses Verhalten einen Suicide by Cop dar, indem der Mann durch den Angriff mit dem Messer absichtlich eine Schussabgabe durch die Polizeikräfte provozierte.[204]
In Fall 58 zündet sich ein Mann aus Protest vor einem Gerichtsgebäude selbst an und verstarb wenige Wochen später im Krankenhaus. Hingegen setzte in Fall 59 ein Mann seine Wohnung vermutlich in suizidaler Absicht in Brand und gefährdete so mehrere Bewohner des Mehrfamilienhauses. Die unterschiedliche Vorgehensweise und die Wahl der Örtlichkeit spiegeln die Intention der Taten wider.[205] Wie in der Abbildung 3 ersichtlich, bleibt festzuhalten, dass in den meisten Fällen lediglich Hinweise auf psychische Auffälligkeiten vorlagen und diese nicht näher klassifiziert werden konnten. Allerdings trat am zweithäufigsten selbstschädigendes Verhalten auf und konnte vielfach als solches erkannt werden.

---

[201] Vgl. Fall 40, Lfd. Nr. [60].
[202] Vgl. Fall 54, Lfd. Nr. [77].
[203] Vgl. Fall 51, Lfd. Nr. [73].
[204] Vgl. Füllgrabe 2012, S. 309ff.
[205] Vgl. Fall 58, Lfd. Nr. [84]; Fall 59, Lfd. Nr. [85].

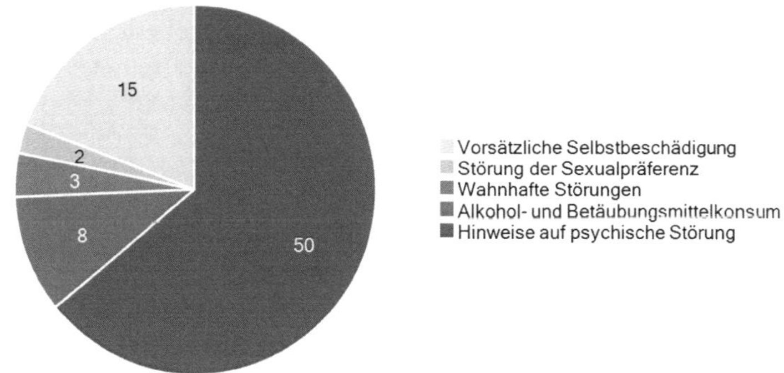

Abbildung 3: Häufigkeitsverteilung der Kategorie psychische Störungen[206]

5.2 Einsatzanlässe

Das Ziel dieser Kategorie ist, das Verhalten der Person, welches einen polizeilichen Einsatz ausgelöst hat, abzubilden. Die Polizei oder andere Rettungskräfte, die wiederum nachträglich die Beamten hinzugezogen haben, wurden durch die betroffene Person selbst, durch Angehörige oder durch nicht persönlich bekannte Dritte informiert. Die auslösenden Faktoren umfassen das Gefühl von Sorge um den psychisch auffälligen Menschen und Ohnmacht oder Furcht bis hin zur Todesangst. Im Vordergrund stehen zunächst die einzelnen Handlungen und anschließend werden spezielle Konstellationen, wie z. B. Häusliche Gewalt, betrachtet.

Die erste Unterkategorie lautet *Angriff mit körperlicher Gewalt*, welche alle gezielten Handlungen zur Verletzung der körperlichen Unversehrtheit umfasst.[207] Das Spektrum der unterschiedlichen gewalttätigen Handlungen in insgesamt elf Fällen enthält Spucken, Schlagen, Würgen und Stoßen. In Fall 6 greift bspw. ein psychisch auffälliger Mann einen Kollegen in einer Werkstatt mit Fäusten an. Im Fall 62

[206] Eigene Darstellung

[207] Vgl. Fischer 2020, S. 1575ff.

schlägt ein Mann seine Freundin und bedroht sie mit einem Messer, sodass diese Subkategorie ebenfalls erfüllt wurde.
Hingegen stellt das Stoßen in ein Gleisbett als Handlung lediglich einfache körperliche Gewalt dar. Die Intention dahinter ist jedoch nicht mit den anderen Fällen vergleichbar, da in beiden Fällen die Züge bereits in den Bahnhof einfuhren. Im Fall 63 stieß ein polizeibekannter Mann eine Frau ins Gleisbett, woraufhin sie tödlich verletzt wurde. Im Fall 11 drängte der psychisch gestörte Mann eine Mutter und ihr Kind vor den einfahrenden Zug. Die Mutter konnte sich auf den Bahnsteig retten, jedoch wurde der Junge erfasst und verstarb.[208]
Die im Artikel interviewte Forensikerin Muysers äußerte, dass Menschen ihnen persönlich unbekannte Personen nicht grundlos angreifen oder umbringen. Sie tun dies in den meisten Fällen aufgrund von psychischen Störungen, wie bspw. akuten Psychosen, oder unter Alkohol- und Drogeneinfluss. Dies führt zu gestörten oder verminderten Denkfähigkeiten und zu Enthemmung. Besonders Wahnvorstellungen können aus persönlicher Sicht des Täters zu gerechtfertigten Verteidigungshandlungen führen.[209]
Die folgende Unterkategorie beinhaltet alle *Angriffe mit einer Waffe oder einem gefährlichen Gegenstand* und wurde in 17 von 70 Fällen zugeteilt. Eine Waffe ist ein Gegenstand, der dazu bestimmt ist Menschen bei der Verwendung erhebliche Verletzungen zuzufügen. Hingegen sind gefährliche Gegenstände definiert als objektiv dazu beschaffen und nach der konkreten Verwendungsart dazu geeignet, erhebliche Gesundheitsschäden herbeizuführen.[210]
In den meisten Fällen verwendete die Täterin oder der Täter ein Messer oder einen nicht näher klassifizierten spitzen Gegenstand, um andere Menschen zu verletzen. Teils bestand eine persönliche Beziehung zum Opfer, teils erfolgte der Angriff auf unbekannte Personen.[211] Zwei Ausnahmen stellen in Fall 44 die Verwendung von Pfeil und Bogen oder in Fall 61 die Überschüttung mit Säure dar.
In Fall 1 fungierte ein Pkw als gefährlicher Gegenstand, mit welchem der wahnbedingt gestörte Täter gezielt Vorbeigehende anfuhr und damit mehrere Menschen schwer verletzte.[212] In insgesamt sechs Fällen wurde ein anderer Mensch durch den Angriff oder dessen Folgen tödlich verletzt und in vier Fällen im sozialen Umfeld der Personen. In zwei Fällen (9,36) tötete der Suizident zunächst eine nahestehende Person und anschließend sich selbst. Diese beiden Fälle werden

[208] Vgl. Fall 11, Lfd. Nr. [26, 27]; Fall 63, Lfd. Nr. [90].
[209] Vgl. Fall 63, Lfd. Nr. [90].
[210] Vgl. Fahl und Winkler 2015, S. 85ff.
[211] Vgl. Fall 8, 12, 15, 16.
[212] Vgl. Fall 1, Lfd. Nr. [1,2].

jedoch in der Unterkategorie Suizid und Häusliche Gewalt näher beleuchtet.
Hingegen erstach ein männlicher Täter sowohl in Fall 12 als auch in Fall 70 eine fremde Person. Im erst genannten Fall wurde Fritz von Weizsäcker aufgrund von Wahnvorstellungen getötet und in Fall 70 verletzte der psychisch gestörte Täter einen städtischen Mitarbeiter, der Zwangsforderungen einziehen wollte, tödlich.[213]
Die Subkategorie *Bedrohung mit Waffe oder gefährlichem Gegenstand* ist definiert als spezifisches Verhalten, welches einem anderen Menschen vermittelt, dass ein Schaden oder eine Verletzung auf diese Weise eintreten wird.[214] Wie bereits in der vorherigen Kategorie bedrohte die psychisch auffällige Person in den meisten Fällen Verwandte oder Freunde mit einem Messer. Häufig wurden Familienangehörige und die Nachbarschaft mit einem Messer eingeschüchtert.[215] Hingegen rief in Fall 24 der psychisch auffällige Mann für sich selbst als medizinischer Notfall einen Krankenwagen und bedrohte die Mitarbeiter beim Eintreffen mit einer Machete.[216]
Die *geringfügigen Straftaten und Ordnungsstörungen* umfassen Delikte mit geringer strafrechtlicher Relevanz wie bspw. Beleidigung, Sachbeschädigung oder Ruhestörung als Ordnungswidrigkeit.[217] Diese Subkategorie wurde in 16 von 70 Fällen erfüllt, jedoch war sie in sechs Fälle nur untergeordnet relevant, da höherwertige Delikte ebenfalls verwirklicht wurden. Im Zusammenhang mit einem körperlichen Angriff oder einer Bedrohung ereignete sich ebenfalls eine Sachbeschädigung, bspw. einer Tür (Fall 30) oder einem Pkw (Fall 18, 45), statt. Aus geringfügigen Straftaten und Ordnungsstörungen als alleinige Deliktsformen resultierten in den meisten Fällen Beleidigungen, Sachbeschädigungen oder Lärmbelästigungen. In mehreren Fällen wurden die Bagatelldelikte unter dem Einfluss von Alkohol und/ oder Betäubungsmittel begangen.
Beispielsweise schlägt in Fall 37 ein alkoholisierter Mann auf das Inventar und die Fensterscheiben einer Gaststätte ein. Zusätzlich befand er sich in einem psychischen Ausnahmezustand.[218] Auch der bereits zuvor erläuterte Fall 25, bei dem sich eine Frau mehrfach entblößte, zählt zu den Ordnungsstörungen. Dies stellt keine

[213] Vgl. Fall 12, Lfd. Nr. [15, 17]; Fall 70, Lfd. Nr. [101, 102].
[214] Vgl. Fahl und Winkler 2015, S. 101.
[215] Vgl. Fall 29, 30, 33, 39, 42, 46, 62, 68.
[216] Vgl. Fall 24, Lfd. Nr. [39].
[217] Vgl. Portmann o. J., o. S.
[218] Vgl. Fall 37, Lfd. NR. [57].

exhibitionistische Handlung im Sinne des § 183 StGB dar, weil durch den Gesetzestext lediglich Männer erfasst sind.[219]
Die untergeordnete Kategorie *Sexualstraftat* wurde bereits im Bereich der psychischen Störungen als eine Form der gestörten Sexualpräferenz in Bezug auf die Vergewaltigung eines Kindes in Fall 11 ausführlich betrachtet. Grundsätzlich sind Sexualdelikte als alle Verhaltensweisen mit einem sexuellen Bezug definiert, welche unter einer Strafnorm subsumiert werden können.[220]
Branddelikte beinhalten alle Straftaten im Zusammenhang mit einer vorsätzlichen oder fahrlässigen Entzündung eines Objekts, wobei zwischen Brandstiftung als Zerstörung von Gebäuden, Betriebsstätten usw. und einer Sachbeschädigung durch Feuer unterschieden wird.[221] Bspw. entzündete in Fall 60 ein Mann eine Uferböschung an und wurde in der Nähe des Tatortes mit Streichhölzern in der Jackentasche angetroffen. Der psychisch auffällige Täter war bereits in der Vergangenheit durch kleinere Branddelikte polizeilich aufgefallen.[222] Hingegen setzte in Fall 59 ein Mann mit psychischen Vorerkrankungen seine Dachgeschosswohnung in einem Mehrfamilienhaus in mutmaßlich suizidaler Absicht mit Brandbeschleuniger in Brand und gefährdete so zahlreiche Menschenleben.[223] Nach dem Konsum von Alkohol und Betäubungsmitteln zündete in Fall 66 ein psychisch kranker Mann an einer Tankstelle austretendes Benzin an und flüchtete anschließend mit seinem Pkw. Darauf folgte eine Verfolgungsfahrt durch die Polizei, bei der er mehrfach rotlichtzeigende Ampeln missachtete und den Straßenverkehr gefährdete.[224]
Die untergeordnete Kategorie *Verkehrsdelikte* ist definiert als alle Zuwiderhandlungen gegen die Straßenverkehrsordnung in Form von Ordnungswidrigkeiten und Straftaten.[225] Diese wurde in sieben verschiedenen Fällen sowohl als einziger Verstoß als auch in Kombination mit weiteren Straftaten erfasst.
Eine Frau fuhr mit überhöhter Geschwindigkeit durch eine Innenstadt und missachtete zunächst die Anhaltezeichen der Polizeibeamten. Nach dem Stoppen wurden im Gespräch psychische Auffälligkeiten festgestellt und sie begab sich freiwillig in eine psychiatrische Einrichtung.[226] Im Gegensatz dazu wurden die Beamten bei dem

[219] Vgl. Staud 2012, S. 53f.
[220] Vgl. Nedopil und Müller 2012, S. 244ff.
[221] Vgl. Fahl und Winkler 2015, S. 158ff.
[222] Vgl. Fall 60, Lfd. Nr. [87].
[223] Vgl. Fall 59, Lfd. Nr. [85].
[224] Vgl. Fall 66, Lfd. Nr. [94].
[225] Vgl. Schöch 2009, S. 578ff.
[226] Vgl. Fall 32, Lfd. Nr. [51].

Einsatzanlass Verkehrsunfall vor Ort durch einen Unfallbeteiligten mit einem Schwert bedroht.[227] Auch Fall 64 veranschaulicht, dass bei einem Unfall oder einem Verkehrsdelikt mit einer Gewalteskalation gerechnet werden muss. Bei diesem Ereignis griff ein unbeteiligter Mann bei einer Verkehrsunfallaufnahme einen Polizisten an und versuchte diesen mit der Faust zu schlagen.[228]

In drei Fällen stand der Fahrzeugführer unter Alkohol- und/ oder Betäubungsmitteleinfluss, sodass dies bereits eine Straftat oder Ordnungswidrigkeit darstellt. Bspw. beschädigte ein Mann nach dem Betäubungsmittelkonsum mehrere Fahrzeuge und zerrte eine Frau aus ihrem Fahrzeug, um mit diesem zu flüchten.[229]

Die Subkategorie *Geiselnahme* ist definiert als Eingriff in die persönliche Freiheit von einer oder mehreren Personen, welcher zur Durchsetzung der persönlichen Ziele und Forderungen dient. Der Aufenthaltsort ist dabei der Polizei bekannt und durch die Geiselnehmer werden verschiedene Bedingungen gestellt.[230]

In Fall 17 nahm ein einzelner Täter in einer Sporthalle 43 Kinder und zwei Betreuerinnen als Geiseln und drohte mit der Zündung einer Bombe. Durch die Verhandlungen mit der Polizei entließ der psychisch auffällige Mann alle Personen nach ca. einer Stunde und wurde durch das Spezialeinsatzkommando festgenommen.[231]

In sechs Fällen fand eine gewaltfreie oder mit Gewalt durchgeführte *Entweichung aus einer psychiatrischen Unterbringung* statt, wobei zwei Männer jeweils nicht von einem genehmigten Ausgang zurückgekehrt waren und als vermisst gemeldet wurden. Daraufhin wurde umgehend die Polizei informiert, um Fahndungsmaßnahmen einzuleiten.[232] In zwei von den sechs Fällen wurde die Flucht durch eine Sachbeschädigung bspw. durch das Aufhebeln eines Fensters (Fall 31) ermöglicht.

Hingegen wurde in Fall 5 körperliche Gewalt zur Durchsetzung des Ziels angewendet, indem vier Männer die Pflegepersonal gewaltsam überwältigten und diese in einen Raum sperrten.[233] In Fall 69 wurden mehrere Mitarbeitende mit einem Messer bedroht, damit der Täter mit einem Fahrzeug fliehen konnte.[234] Aufgrund der Unterbringung in einer psychiatrischen Einrichtung ist es wahrscheinlich, dass eine

---

[227] Vgl. Fall 13, Lfd. Nr. [19, 79].
[228] Vgl. Fall 64, Lfd. Nr. [92].
[229] Vgl. Fall 18, Lfd. Nr. [31].
[230] Vgl. Köthke 2003, S. 124.
[231] Vgl. Fall 17, Lfd. Nr. [30].
[232] Vgl. § 20 Abs. 3, 4 MRVG.
[233] Vgl. Fall 5, Lfd. Nr. [7].
[234] Vgl. Fall 69, Lfd. Nr. [99].

psychische Störung bereits diagnostiziert wurde, jedoch wurde diese jeweils im Zeitungsartikel nicht angegeben.
In Fall 3 wurde bspw. eindringlich die Öffentlichkeit gewarnt, da der Mann besonders unter Alkoholeinfluss sehr aggressiv sein konnte und vor vielen Jahren einen Menschen durch Tritte getötet hat.[235]
Der *medizinische Notfall* als nächste Subkategorie ist definiert als eine plötzlich eintretende Verletzung oder ein Ereignis, welches unmittelbar mit einer zumindest subjektiv hohen Intensität wahrgenommen wird, sodass eine schnelle Versorgung durch medizinisches Personal erforderlich ist. Hierbei sind Verletzungen durch autoaggressives Verhalten oder suizidale Handlungen ausgeschlossen und werden im nächsten Punkt betrachtet.[236] Dieser Anlass führte zu drei divergenten Polizeieinsätzen.
In Fall 24 rief ein psychisch auffälliger Mann selbstständig einen Krankenwagen und bedrohte diese beim Eintreffen mit einer Machete. Im Anschluss wurde er durch Polizeibeamte festgenommen und in eine Psychiatrie gebracht.[237] Hingegen informierten in Fall 27 Angehörige die Rettungsleitstelle aufgrund von psychischen Auffälligkeiten bei dem betroffenen Mann. Beim Eintreffen von Polizei und Rettungsdienst verletzte er sich selbst und bedrohte die Helfenden mit einem Messer. Daraufhin kam es zu einer Schussabgabe, sodass der Mann nach wenigen Stunden im Krankenhaus verstarb.[238] Diese Beispiele verdeutlichen, dass auch der Einsatz bei einem medizinischen Notfall jederzeit eine nicht vorsehbare Wendung nehmen kann.
Die Subkategorie *autoaggressives Verhalten oder Suizid* umfasst alle Handlungen zur Selbstverletzung ohne suizidale Absicht und den Suizid als bewusste Entscheidung sowie die Androhung mit diesen Verhaltensweisen.[239]
In elf Fällen stand der Einsatzanlass im Zusammenhang mit autoaggressivem Verhalten, wie in dem Fall 41 als ein randalierender Mann seinen Suizid androht. Er führte dabei ein Messer mit sich, sodass er die Möglichkeit hatte die Drohung umzusetzen.[240] Weitere versuchte oder vollendete Suizidversuche umfassen wie bereits dargestellt die Brandlegung, das Mitführen einer Waffe und unbekannte Formen. In zwei Fällen handelte es sich um einen Mitnahmesuizid von nahen Angehörigen, wie der Mutter in Fall 9 und der Tante in Fall 36.

235 Vgl. Fall 3, Lfd. Nr. [5].
236 Vgl. Lasogga und Gasch 2008, S. 19f.
237 Vgl. Fall 2, Lfd. Nr. [39].
238 Vgl. Fall 27, Lfd. Nr. [45].
239 Vgl. Benecke 2014, S. 290f.
240 Vgl. Fall 41, Lfd. Nr. [63].

Abschließend bleibt festzuhalten, dass sehr unterschiedliche Einsatzanlässe und Handlungen auf suizidale Absichten hinweisen.
Die zusätzliche Unterkategorie *häusliche Gewalt* umfasst alle Straftaten im Rahmen einer häuslichen Gemeinschaft und den damit in Beziehung stehenden Personen, wie z.B. aktuelle oder kürzlich getrennte Lebensgefährte oder Kinder.[241] In sechs Fällen wurde die Gewalt im Rahmen einer häuslichen Gemeinschaft ausgeübt, wobei die Anzahl noch durch mindestens vier weitere Fälle im sozialen Nahbereich ohne gemeinsame Wohnung erweitert werden kann.
In Fall 2 erstach eine psychisch gestörte Mutter ihr dreijähriges Kind und flüchtete zunächst, konnte jedoch später von der Polizei festgenommen werden.[242] Ein ähnlicher Tathergang fand in Fall 4 statt, bei welchem der Ehemann seine schwangere Frau erstochen hat und sich vom Tatort entfernte.[243] In weiteren vier Fällen wurden jeweils nahe Familienangehörige wie die Ehefrau, Freundin oder der Vater bedroht. Zum Beispiel schlug ein psychisch auffälliger Mann seine Freundin und drohte sie mit einem Messer zu verletzen.[244]
Auf diese Weise bedrohte ebenfalls ein Mann seinen Bruder mit einem Messer, jedoch lebten sie nicht in einer gemeinsamen Wohnung.[245] Ein anderer Mann verletzte seine Mutter mit einem Messer im Gesicht und flüchtete in die eigene Wohnung.[246] Zwei weitere Fälle im sozialen Nahraum endeten tödlich, da die Täter zunächst die Mutter oder die Tante töteten und anschließend Suizid begangen. Als Resümee steht fest, dass sowohl körperliche oder bewaffnete Angriffe oder eine Drohung damit als auch geringfügige Straftaten und Ordnungswidrigkeiten häufige Einsatzanlässe sind (siehe Abbildung 4 im Anhang).

5.3 Verhalten bei Interaktion mit Polizeibeamten

In insgesamt 25 Fällen waren Informationen über die Interaktion zwischen den psychisch auffälligen Personen und den Polizeibeamten vorhanden, sodass eine Aussage bezüglich des jeweiligen Verhaltens getroffen werden kann. Dabei soll insbesondere herausgearbeitet werden, ob es zu passivem Verhalten oder aktiver Gegenwehr bzw. Angriffen in Reaktion auf das Eintreffen der Beamten gekommen ist.

---

[241] Vgl. Tegtmeyer und Vahle 2018, S. 326f.
[242] Vgl. Fall 2, Lfd. Nr. [4].
[243] Vgl. Fall 4, Lfd. Nr. [6, 36, 37].
[244] Vgl. Fall 28, 42, 46, 62.
[245] Vgl. Fall 33, Lfd. Nr. [52].
[246] Vgl. Fall 34, Lfd. Nr. [53].

In vier Fällen änderte sich das Verhalten der Person von dem ursprünglichen Einsatzanlass in einen *Angriff mit körperlicher Gewalt* gegen die Polizeibeamten. Zum Beispiel randalierte in Fall 41 ein Mann vor einer Gaststätte, zündete einen Sonnenschirm an und drohte seinen Suizid an. Beim Eintreffen der Beamten forderte er sie auf sein Leben zu beenden und griff sie körperlich an.[247] Aufgrund dessen mussten die Beamten damit rechnen, dass er Suicide by Cop begehen und dies durch sein Verhalten provozieren möchte. In den weiteren Fällen handelte es sich ebenfalls um eine Ordnungsstörung als Ursprungsszenario und einmal um einen Verkehrsunfall.
Bei der Subkategorie *Angriff mit Waffe oder gefährlichem Gegenstand* waren vier Fälle relevant, in denen jeweils ein anderer Anlass bzw. Verhalten zu dem Polizeieinsatz führte. In einigen Fällen wurde bereits mit Gewalt gedroht oder diese in Form von Schlägen angewendet, sodass die Beamten von einem hohen Aggressionspotential ausgehen mussten. Andererseits wurden in einem Beispiel (Fall 13) Beamte zu einem Verkehrsunfall gerufen und beim Eintreffen mit einem Schwert angegriffen.[248]
Diese Differenz zwischen dem Einsatzanlass und der Eintreffsituation bzw. dem Verhalten gegenüber den Beamten bestätigt auch die folgende Kategorie
Bedrohung mit Waffe oder gefährlichem Gegenstand. In vier von fünf Fällen ist ein anderer Anlass der Bedrohung vorausgegangen. Lediglich in Fall 68 bedrohte der Mann zunächst die Nachbarschaft und dann die Polizeikräfte mit einem Messer. Teilweise lag lediglich die Information über einen medizinischen Notfall oder eine Ordnungsstörung vor. Allerdings wurden in zwei Fällen andere Personen bereits durch einen Angriff verletzt, bevor die Beamten mit einer Schreckschusswaffe in Fall 61 und einem Messer in Fall 67 bedroht wurden. In den zuletzt genannten Fällen mussten die Beamten mit einem bewaffneten Täter und der Bereitschaft zur Gewaltanwendung rechnen. Eine derartige Eskalation ist jedoch bei anderen Einsatzanlässen, insbesondere bei geringfügigen Straftaten oder Ordnungsstörungen, nur schwer vorhersehbar. Generell ist die Risikoeinschätzung schwierig, wenn sich eine Person in einem psychischen Ausnahmezustand befindet.
Die Subkategorie *Widerstand* ist definiert als aktive Handlung gegen einen Polizeibeamten oder andere Bedienstete des Staates, um die Durchführung einer Diensthandlung zu erschweren oder zu

[247] Vgl. Fall 25, 41, 52, 64.
[248] Vgl. Fall 6, 13, 47, 51.

unterbinden.[249] In drei Fällen wurde gegen die polizeilichen Maßnahmen Widerstand geleistet. In Fall 3 randalierte eine alkoholisierte Frau in einem Hotel. Sie befolgte das Hausverbot nicht und wehrte sich gegen die Beamten, die die Frau an den Armen gefasst hatten, um sie nach draußen zu bringen.[250] Aus den drei Artikeln wurde nicht ersichtlich, wie die Widerstandshandlung und das polizeiliche Vorgehen detailliert abliefen. Jedoch muss bei jeder polizeilichen Handlung oder Fixierung der gesundheitliche Zustand und die Atmung der Person permanent überprüft werden, da sonst die Gefahr des lagebedingten Erstickungstodes droht.
Die nächste Unterkategorie meint das Zurückziehen und *Verbarrikadieren* in eine umschlossene Örtlichkeit, um sich vor der Einwirkung anderer Menschen zu schützen. In vier Fällen verbarrikadierten sich die Personen in einem Zimmer oder einem Haus. In drei Szenarien handelte es sich um Patienten einer psychiatrischen Einrichtung, die sich in einem Patientenzimmer (Fall 51, 54) verschanzten und in Fall 14 flüchtete der Mann aus der Psychiatrie und sperrte sich in einem fremden Einfamilienhaus ein. In Fall 54 zerschlug ein psychisch kranker Mann eine Fensterscheibe und drohte sich damit selbst zu verletzen. Er verbarrikadierte die Zimmertür und ließ sich durch die Verhandlungsgruppe nicht zur Aufgabe bewegen. Der behandelnde Arzt konnte ihn jedoch in seiner Muttersprache beruhigen und zur widerstandslosen Festnahme überreden.[251]
Vier Fälle erfüllen die Merkmale für die Subkategorie *Flucht*, wobei in drei Fällen als Fluchtmittel ein Fahrzeug benutzt wurde. Bei dem bereits erwähnten Fall 66 zündete der Fahrer nach dem Konsum von psychotropen Substanzen austretendes Benzin in einer Tankstelle an und flüchtet mit seinem Pkw.[252] In einem anderen Fall beschädigte ein Mann fremdes Eigentum und flüchtete zu Fuß. Im Rahmen der polizeilichen Fahndung wurde er jedoch in Tatortnähe angetroffen.[253]
Diese Subkategorie umfasst das *widerstandslose Verhalten* und das Befolgen der polizeilichen Anweisungen. Eine kooperative Haltung wurde insbesondere bei der Festnahme in sechs Fällen eingenommen. In einigen Fällen befolgten die Personen die polizeilichen Aufforderungen unmittelbar nach dem ersten Kontakt, wie in Fall 4, als der zuvor flüchtige Täter nach der Tötung seiner Ehefrau in einem Baumarkt ohne Widerstandhandlung festgenommen werden

[249] Vgl. Fahl und Winkler 2015, S. 43f.
[250] Vgl. Fall 52, Lfd. Nr. [74].
[251] Vgl. Fall 54, Lfd. Nr. [77].
[252] Vgl. Fall 66, Lfd. Nr. [94].
[253] Vgl. Fall 37, Lfd. Nr. [57].

konnte.[254] Hingegen verbarrikadierte sich in Fall 54 wie bereits geschildert ein Patient in seinem Zimmer und konnte in Anwesenheit der Polizei erst durch einen Arzt beruhigt werden. Daraufhin folgte er allen Anweisungen und konnte in der Psychiatrie weiter behandelt werden.[255]

Autoaggressives Verhalten oder Suizid bzw. dessen Androhung wurde in sechs Fällen während der Interaktion mit Polizeibeamten gezeigt. In lediglich zwei Fällen wurde bereits der Einsatz aufgrund von autoaggressivem Verhalten bzw. Suizidandrohungen veranlasst.

In Fall 41 entzündete ein Mann einen Sonnenschirm und drohte seinen Suizid an. Beim Eintreffen der Beamten fordert er diese auf sein Leben zu beenden und griff sie anschließend mit körperlicher Gewalt an. Zusätzlich führte er ein bereits geöffnetes Einhandmesser mit sich.[256] Wie bereits zuvor erläutert, besteht die Gefahr, dass die betroffene Person einen Suicide by Cop gezielt, z.B. durch die Drohung mit einem Messer, provozieren möchte.

Hingegen verhielten sich vier Männer erst nach Eintreffen der Beamten autoaggressiv oder drohten mit suizidalen Handlungen. Beispielsweise warf in Fall 40 ein psychisch auffälliger Mann Gegenstände aus einem Fenster. Im Kontakt mit seinem Bruder und den Polizeibeamten bedrohte er sie mit einer Machete und kündigte an sich selbst damit zu verletzen.[257] Die weiteren Fälle verliefen in ähnlicher Weise, jedoch waren die Einsatzanlässe medizinischer Notfall sowie Angriff oder Bedrohung mit einem Messer.

Zusammenfassend bleibt festzustellen, dass aus dem Einsatzanlass nicht abgeleitet werden kann, wie sich die Person nach der vergangenen Zeit bis zum Eintreffen der Beamten und insbesondere während der Konfrontation verhält. Eine Übersicht der Häufigkeiten der verschiedenen Verhaltensweisen stellt Abbildung 5 im Anhang dar. Für den Mensch mit einer möglichen psychischen Störung verursacht diese extreme Situation ein hohes Stresslevel und eine Reizüberflutung.

5.4 Polizeiliche Maßnahmen

Im Folgenden werden alle polizeilichen Handlungen erläutert, welche zur Durchsetzung der hoheitlichen Aufgaben angewendet wurden. Generell betreffen die aufgeführten Maßnahmen zur Gefahrenabwehr oder Strafverfolgung insbesondere die Interaktion.

[254] Vgl. Fall 4, Lfd. Nr. [37].
[255] Vgl. Fall 54, Lfd. Nr. [77].
[256] Vgl. Fall 41, Lfd. Nr. [63].
[257] Vgl. Fall 40, Lfd. Nr. [62].

„Unabhängig von Anlass und situativem Kontext ist Gewalt stets als Interkation zu begreifen, als Prozess mit mehreren Beteiligten, deren Merkmale und Handlungen den Verlauf wechselseitig beeinflussen.“[258] Aufgrund dieser Annahme muss die Gewaltanwendung durch Polizeibeamte immer im Kontext mit dem Verhalten der anderen Person betrachtet werden. Maßnahmen wie Blutproben oder Identitätsfeststellungen, welche nicht schwerpunktmäßig die Interkation betreffen und dementsprechend keine Relevanz für die Forschungsfrage aufweisen, wurden wegen des begrenzten Bearbeitungsrahmens nicht erfasst. Aufgrund der teilweise geringen Informationslage und des Bearbeitungsrahmens der Arbeit kann keine rechtliche Bewertung der polizeilichen Handlungen erfolgen.

Die Maßnahmen der Polizei müssen grundsätzlich auf einer rechtlichen Befugnis basieren und deren gesetzliche Anforderungen erfüllen. Weiterhin müssen diese dem Verhältnismäßigkeitsgrundsatz entsprechen. Dabei gelten für die Ausübung von unmittelbarem Zwang und insbesondere für den Schusswaffengebrauch besondere Voraussetzungen und Hürden.[259]

In fünf Fällen wurde durch die Beamten *einfache körperliche Gewalt* angewendet. In drei Beispielen wurden durch die psychisch auffällige Person andere Menschen verletzt, bedroht oder Gegenstände beschädigt, wobei im Anschluss durch die Beamten ebenfalls körperliche Gewalt angewendet wurde.[260]

Beispielsweise trat und bespuckte ein Mann einen Familienvater im Beisein seiner Kinder. Nach dem Eintreffen der Beamten griff er diese ebenfalls an und leistete bei der Fixierung erheblichen Widerstand.[261] Hingegen wurden in Fall 7 und Fall 64 die Beamten gezielt mit einem Messer oder körperlicher Gewalt angegriffen.

Die Subkategorie *Einsatz von dem Reizstoffsprühgerät* dient dem Zweck eine Person angriffsunfähig zu machen und wurde in drei verschiedenen Fällen angewendet.[262] Als Reaktion auf einen Faustschlag während der Verkehrsunfallaufnahme setzte der Polizist das Reizstoffsprühgerät und körperliche Gewalt ein, um den Angreifer zu fixieren.[263]

Ein mit einem Schwert bewaffneter Mann griff die Beamten bei einem Verkehrsunfall an, woraufhin diese das RSG verwendeten. Das RSG zeigte jedoch keine Wirkung, sodass die Polizeivollzugsbeamten ihre

[258] Derin und Singelnstein 2020, S. 122.
[259] Vgl. Thiel 2018, S. 241f.
[260] Vgl. Fall 39, 56, 57.
[261] Vgl. Fall 56, Lfd. Nr. [82].
[262] Vgl. Tegtmeyer und Vahle 2018, S. 459ff.
[263] Vgl. Fall 64, Lfd. Nr. [92].

Schusswaffen einsetzten.[264] In Fall 69 bedrohte ein Mann mehrere Mitarbeitende mit einem Messer, um aus der Psychiatrie zu flüchten und ein Fahrzeug zu entwenden. Nach einer Verfolgungsfahrt konnte er durch die Beamten gestoppt und nach dem Einsatz von Pfefferspray fixiert werden.[265]
Die Subkategorie *Distanz-Elektroimpulsgerät*, welches allgemein als Taser bekannt ist, wurde lediglich in einem Fall erfüllt und hat ebenfalls das Ziel die Bewegungsfähigkeit einzuschränken.[266] Im Fall 7 wurde ein psychisch kranker Mann durch eine Rettungswagenbesatzung und Notarzt behandelt, bevor er sich aggressiv verhielt und die Medikamenteneinnahme verweigerte. Nach Eintreffen der hinzugezogenen Beamten setzten sie das Distanz-Elektroimpulsgerät ein, um ihn ruhig zu stellen und eine Arzneigabe zu ermöglichen. Jedoch kollabierte der Mann daraufhin und verstarb nach wenigen Tagen im Krankenhaus, wobei die Todesursache im Zusammenhang mit dem Tasereinsatz noch detailliert untersucht wurde.[267]
Der *Einsatz der Schusswaffe* unterliegt einer besonderen Verhältnismäßigkeitsprüfung und stellt das äußerte Mittel dar.[268] Diese wurde von den Beamten in drei Fällen eingesetzt, wobei in zwei Fällen die Personen an den lebensgefährlichen Verletzungen verstarben. In Fall 13 wurden die Polizisten bei einem gemeldeten Verkehrsunfall mit einem Schwert angegriffen. Das zunächst eingesetzte Reizstoffsprühgerät zeigte keine Wirkung, woraufhin mehrere Schüsse abgegeben wurden, um den Angreifer zu stoppen. Der schwer verletzte Mann verstarb im Krankenhaus.[269] In Fall 27 verständigten Angehörige den Rettungsdienst und die Polizei wegen psychischer Auffälligkeiten. Beim Eintreffen verletzte sich der Mann mit einem Messer selbst und griff die Beamten damit an. Durch mehrere Schüsse wurde er lebensbedrohlich verwundet und erlag im Krankenhaus nach kurzer Zeit seinen Verletzungen.[270] Hingegen konnte in Fall 51 ein Patient, welcher sich in einem Zimmer verschanzt und selbst verletzt hatte, durch einen Beinschuss gestoppt werden, als er die Beamten mit einem Messer angriff.[271]
Besonders die beiden zuerst genannten Szenarien veranschaulichen, dass eigentliche Routinesituationen wie z. B. eine

---

[264] Vgl. Fall 13, Lfd. Nr. [19, 79].
[265] Vgl. Fall 69, Lfd. Nr. [99].
[266] Vgl. Tannert o. J., o. S.
[267] Vgl. Fall 7, Lfd. Nr. [10].
[268] Vgl. Schütte et al. 2016, S. 227.
[269] Vgl. Fall 13, Lfd. Nr. [19, 79].
[270] Vgl. Fall 27, Lfd. Nr. [45].
[271] Vgl. Fall 51, Lfd. Nr. [73].

Verkehrsunfallaufnahme, eskalieren und in einem dynamischen Verlauf mit einem Schusswaffengebrauch enden können.
Die Subkategorie *Fixierung mithilfe von Handfesseln* wurde in 7 Fällen explizit erwähnt, wobei diese mit hoher Wahrscheinlichkeit in vielen anderen Beispielen bei der Festnahme oder einem Transport ebenfalls verwendet wurden.
Bspw. randalierte in Fall 20 ein Mann in einer U-Bahn und beleidigte andere Fahrgäste. Um die Personalien festzustellen, wurde er zur Polizeidienststelle gebracht. Dort steigerte er sich in einen Wutanfall, sodass es durch die Beamten fixiert und gefesselt werden musste.[272] Der genaue Ablauf der Interaktion und Fixierung wird in den verschiedenen Artikeln nicht beschrieben.
Freiheitsentziehende Maßnahmen wurden in 50 von 70 Fällen getroffen und stellen einen Eingriff in die Freiheit der Person dar. Es wurden alle Einschränkungen der körperlichen Bewegungsfreiheit ohne eine rechtliche Bewertung in Abhängigkeit von der Dauer und Zielrichtung der Maßnahme erfasst, da teilweise die Informationslage zu gering war.[273] Teilweise wurden Personen mit dem Zweck der Freiheitsentziehung in Gewahrsam genommen, um Gefahren abzuwehren oder weitere Straftaten zu verhindern. Beispielsweise wurde in Fall 6 der psychisch gestörte Mann nach dem Messerangriff auf eine Polizistin in das Polizeigewahrsam verbracht.[274] In mehreren Fällen wurden die Menschen mit einer psychischen Störung festgenommen, um eine Strafverfolgung zu gewährleisten. Dabei wurde z.B. in Fall 8 erst während der Festnahme und im Dialog psychische Auffälligkeiten festgestellt, sodass daraufhin eine Zwangseinweisung in die Psychiatrie erfolgte.[275] Im Fall 11 und 63 wurden Menschen ins Gleisbett vor einen einfahrenden Zug gestoßen, woraufhin die Einzeltäter jeweils festgenommen wurden. In den meisten Fällen erfolgte jedoch die Beschränkung der Freiheit, um die Person mit polizeilicher Begleitung in eine psychiatrische Einrichtung zu bringen.
Die *Spezialeinheiten* als weitere Unterkategorie wurden in zwölf Fällen eingesetzt. Dabei ist sowohl der Einsatz von einem Spezialeinsatzkommando als auch von einer Verhandlungsgruppe und weiteren spezialisierten Einheiten erfasst. Das SEK wird bei besonders gewalttätigen oder bewaffneten Personen eingesetzt, um einen vorbereiteten Zugriff durchzuführen. Die Verhandlungsgruppe übernimmt die

[272] Vgl. Fall 20, Lfd. Nr. [33].
[273] Vgl. Kugelmann 2012, S. 139f.
[274] Vgl. Fall 6, Lfd. Nr. [9, 24].
[275] Vgl. Fall 8, Lfd. Nr. [11, 25].

Kommunikation zwischen der Person, von der aufgrund ihres psychischen Zustandes eine akute Gefahr ausgeht oder dem Straftäter.[276] Beispielsweise wurde in Fall 17 bei der Geiselnahme in einer Sporthalle, bei welcher der Täter mit einer Bombenzündung drohte, die Spezialeinheiten eingesetzt. Nachdem der psychisch auffällige Mann die Geiseln frei ließ, wurde er durch das SEK festgenommen. Ein Sprengkörper oder ähnliche explosive Gegenstände wurden nicht gefunden.[277]

Die Subkategorie *Verfolgungsfahrt* ist definiert als Nachfahrt durch die Polizei, bei der besondere Gefahren durch die Missachtung von der Straßenverkehrsordnung durch die flüchtende Person für alle Verkehrsteilnehmer entstehen können.[278] Einer von vier Beispielen stellt der Fall 66 dar, als ein Mann unter dem Einfluss von psychotropen Substanzen Benzin an einer Tankstelle anzündete und mit seinem Pkw flüchtete. Während der Nachfahrt missachtete er mehrfach rotlichtzeigende Ampeln und wendete mehrmals in riskanter Weise. Nach einiger Zeit konnte er durch die Beamten gestoppt werden.[279]

Die letzte Unterkategorie *Fahndung* bezeichnet die allgemeine oder gezielte Suche nach Personen oder Gegenständen im Rahmen der Gefahrenabwehr oder zu Strafverfolgung.[280] In vier Fällen erfolgte die Fahndung aufgrund der gewaltfreien oder tätlichen Entweichung aus einer Psychiatrie.[281] In Fall 4 und 62 wurden die Täter zur Fahndung ausgeschrieben, weil beide mit hoher Wahrscheinlichkeit die jeweilige Partnerin verletzt und sogar tödlich verletzt hatten.

Hingegen drohte in Fall 47 ein Mann seinen Suizid an und führte eine Schusswaffe mit sich. Daraufhin wurde im gesamten Stadtgebiet nach ihm gefahndet.[282] Resümierend (siehe ebenfalls Abbildung 6 im Anhang) wurde in der Mehrheit der Fälle freitheitsentziehende Maßnahmen getroffen, wobei im nächsten Abschnitt der Verbleib der Person erläutert wird. Hingegen wurden relativ häufig eine Spezialeinheit zur Lagebewältigung hinzugerufen.

5.5 Verbleib der Person

Diese Kategorie erfasst den Aufenthaltsort, an dem sich die Person freiwillig oder zwangsweise bestimmt, aufhält. Weiterhin ist das mögliche Versterben inkludiert. Die erste Subkategorie lautet

---

276 Vgl. Ministerium des Innern des Landes Nordrhein-Westfalen o. J., o. S.
277 Vgl. Fall 17, Lfd. Nr. [30].
278 Vgl. Lorei 2012a, S. 138ff.
279 Vgl. Fall 66, Lfd. Nr. [94].
280 Vgl. Bundeskriminalamt 2016, o. S.
281 Vgl. Fall 3, 5, 26, 31.
282 Vgl. Fall 62, Lfd. Nr. [40].

Polizeigewahrsam und beschreibt den Verbleib der Person in einer Gewahrsamszelle der Polizei als Folge einer präventiven oder repressiven Maßnahme der Polizei.[283]
In Fall 6 wurde ein Mann nach einem Messerangriff auf die Polizisten in das Polizeigewahrsam gebracht. Er leistete dort Widerstand und erlitt einen Herzstillstand, woran er mutmaßlich wenige Tage später im Krankenhaus verstarb.[284] Lediglich in einem weiteren Fall wurde eine Person in das polizeiliche Gewahrsam gebracht, nachdem er einen Nachbarn mit einem Küchenmesser bedrohte. Dort stellten die Beamten jedoch psychische Auffälligkeiten fest, sodass der Mann in eine psychiatrische Einrichtung gebracht wurde.[285] Im Polizeigewahrsam kann nur eine eingeschränkte medizinische Versorgung durch einen hinzugerufenen Arzt oder Rettungswagen erfolgen.
Eine ärztliche Konsultierung findet häufig aufgrund von Intoxikationen psychotroper Stoffe oder deren Entzugssymptomatik, psychische Auffälligkeiten und sonstige Verletzungen. Der Arzt entscheidet daraufhin über eine Gewahrsamstauglichkeit, gesteigerte Kontrollen oder den Transport in ein Krankenhaus oder eine Psychiatrie.[286]
Die Subkategorie *Psychiatrie* umfasst alle freiwilligen und zwangsweise durchgesetzten Aufenthalte in einer psychiatrischen Abteilung eines Krankenhauses, einer psychiatrischen Klinik oder einer forensischen Psychiatrie.[287] In 50 von 70 Fällen stellte eine psychiatrische Einrichtung den letzten bekannten Aufenthaltsort dar.
Im Fall 32 fuhr eine junge Frau mit überhöhter Geschwindigkeit durch die Innenstadt und missachtete die Anhaltezeichen der Polizeibeamten. Nach einer kurzen Nachfahrt stoppte sie und ließ sich anschließend freiwillig in einer Psychiatrie behandeln.[288] Im Gegensatz dazu wurde in vielen Artikel eine Unterbringung nach dem Psychisch-Kranken-Gesetz (PsychKG) aufgrund von Eigen- und/oder Fremdgefährdung erwähnt. Bspw. wurde im Fall 23 ein Mann nach dem PsychKG eingewiesen, nachdem er eine Rettungswagenbesatzung mit einer Machete bedroht hatte.[289] Aufgrund der gezeigten Verhaltensweisen und Einsatzverläufe wurden jedoch mit hoher Wahrscheinlichkeit die meisten Personen in eine Psychiatrie zwangseingewiesen, auch wenn dies nicht explizit genannt wurde.

283 Vgl. Kugelmann 2012, S. 139f.
284 Vgl. Fall 6, Lfd. Nr. [9, 24].
285 Vgl. Fall 39, Lfd. Nr. [59].
286 Vgl. Heide 2011, S. 325ff.
287 Vgl. Nedopil und Müller 2012, S. 43ff., 92ff.
288 Vgl. Fall 32, Lfd. Nr. [51].
289 Vgl. Fall 23, Lfd. Nr. [39].

In Fall 1 wurde der psychisch gestörte Mann nach der Amokfahrt in Bochum und Essen in eine Psychiatrie untergebracht. Ein Gutachter stellte eine paranoide Schizophrene und eine vermutliche Schuldunfähigkeit zum Tatzeitpunkt fest, sodass die einstweilige Unterbringung nach § 126 StPO anstelle von Untersuchungshaft geprüft wurde.[290]

Hingegen wurde in drei Fällen die Person aufgrund der richterlichen Entscheidung in eine *Justizvollzugsanstalt* gebracht. Die Untersuchungshaft kann bereits vor dem Gerichtsprozess wegen Flucht- oder Verdunklungsgefahr angeordnet werden. Weiterhin ist eine richterliche Veranlassung aufgrund von Wiederholungsgefahr möglich.[291] In Fall 11 stieß ein psychisch gestörter Mann einen Jungen und seine Mutter ins Gleisbett vor einen einfahrenden Zug, sodass der Junge tödlich verletzt wurde. Wenige Tage später wurde Haftbefehl erlassen.[292] In der gleichen Weise stieß ein Mann eine Mutter vor einen Zug, die noch vor Ort ihren Verletzungen erlag. Der Mann wurde in eine Justizvollzugsanstalt gebracht.[293] Hingegen schoss in Fall 44 ein Mann mit Pfeil und Bogen auf vorbeilaufende Passierende und verletzte diese schwer. Er war für eine Woche in Untersuchungshaft und wurde dann mit richterlichem Beschluss in eine Psychiatrie verlegt.[294]

Aufgrund einer physischen Verletzung wurden zehn Personen zumindest kurzzeitig in einem *Krankenhaus* behandelt. In sechs von zehn Fällen erlagen die Menschen im Krankenahaus ihren Verletzungen. Zum Beispiel unternahm eine Elfjährige auf unbekannte Weise einen Suizidversuch und verstarb wenige Tage später. In den restlichen Artikeln (Fall 40, 59, 62) wurde nur der Krankenhausaufenthalt beschrieben, jedoch folgte mit hoher Wahrscheinlichkeit ein Aufenthalt in der Psychiatrie, da alle Personen zuvor selbstverletzendes Verhalten gezeigt hatten.

Die untergeordnete Kategorie *Tod* ist definiert als Zustand nach dem Versterben, nach dem alle körperlichen Funktionen erloschen sind. Diese wurde in acht verschiedenen Fällen erfüllt, wobei in der Hälfte der Fälle suizidale Handlungen mutmaßlich der Auslöser waren. In Fall 9 und 36 tötete der Suizident zunächst eine nahe Angehörige und anschließend sich selbst. Wie bereits zuvor erläutert, unternahm eine Elfjährige einen Suizidversuch und in Fall 58 zündete sich ein Mann aus Protest an, woraufhin beide im Krankenhaus verstarben. Hingegen starben mit hoher Wahrscheinlichkeit die Personen in Fall 13 und

---

290 Vgl. Fall 1, Lfd. Nr. [8].

291 Vgl. § 112, 112a StPO.

292 Vgl. Fall 11, Lfd. Nr. [61].

293 Vgl. Fall 63, Lfd. Nr. [90].

294 Vgl. Fall 44, Lfd. Nr. [66].

27 infolge des polizeilichen Schusswaffengebrauchs, nachdem die Beamten mit einem Messer oder Schwert bedroht und angegriffen wurden. Dieser Zusammenhang musste ebenfalls in Fall 7 bei dem Einsatz des Tasers und dem Herzstillstand während der Widerstandshandlung in Fall 6 geprüft werden.
Die Subkategorie *unbekannter Aufenthaltsort* umfasst alle Personen, welche flüchtig oder vermisst waren, sowie die Fälle, in denen der Aufenthaltsort in den Artikeln nicht genannt wurde. In drei von insgesamt acht Fällen waren die Männer nach der Entweichung aus der Psychiatrie flüchtig bzw. vermisst.[295]
Wiederum wurde in Fall 55 eine Frau nach der Beschädigung von mehreren Gräbern durch die Polizei angetroffen, jedoch lagen keine Informationen zu ihrem weiteren Verbleib vor.[296] In vier weiteren Fällen lagen keine Angaben zu dem Aufenthaltsort der Person vor. Zusammenfassend stellte die Psychiatrie mit Abstand den häufigsten Aufenthaltsort dar (siehe Abbildung 7 im Anhang). Danach folgten der Verbleib in einem Krankenhaus, ein nicht bekannter Ort und das Ableben der Person.

5.6 Ergebnisse der quantitativen Analyse

Im bisherigen Ergebnisteil wurden die Häufigkeiten der verschiedenen Kategorien und Subkategorien bereits teilweise genannt sowie besondere Abweichung bzw. Spitzen erläutert. Daran anknüpfend wurden in den Abbildungen 4-7 die Häufigkeitsverteilung der Kategorien zunächst einzeln und danach als Übersichtstabelle (siehe Tabelle 5 im Anhang) dargestellt. Weiterhin ist die quantitative Auswertung des Geschlechts relevant. Dies veranschaulicht, dass in siebzig Fällen 63 Männer und lediglich sieben Frauen betroffen waren.
Um zusätzlich die Korrelation zwischen den psychischen Störungen, den Einsatzanlässen und dem Verhalten bei der Interaktion mit der Polizei zu untersuchen, wurden Kreuztabellen von diesen erstellt.[297]
Die quantifizierende Darstellung wurde durch die Codierung von mehreren Subkategorien pro Fall erschwert. Aufgrund des Bearbeitungsrahmens konnte zudem keine detaillierte Beschreibung der quantitativen Methode erfolgen.
Die Signifikanz der Werte konnte aufgrund der vorliegenden Untersuchung der einzelnen Fälle angenommen werden. Eine Überprüfung

---

[295] Vgl. Fall 3, 26, 31.
[296] Vgl. Fall 55, Lfd. Nr. [78].
[297] Vgl. Kuckartz 2018, S. 119f.

der Korrelation im Sinne der Stärke des Zusammenhanges konnte nicht stattfinden.[298]

Durch die Verbindung von den Erkenntnissen über eine psychische Störung und dem Einsatzanlass wurde festgestellt, dass unspezifische Auffälligkeiten der Psyche in nahezu allen Einsatzanlässen vorkommen können und diese der Anzahl entsprechend den größten Anteil einnehmen. Im Zusammenhang mit dem Konsum von psychotropen Substanzen traten einerseits Gewalt- und Bedrohungsdelikte sowie drei Ordnungsstörungen auf. Andererseits ereigneten sich ein Branddelikt und drei Verkehrsdelikte. Die wahnhafte Störung korreliert in beiden Fällen mit dem Angriff mit einer Waffe. Wie zu erwarten, geht die Störung der Sexualpräferenz mit einem Sexualdelikt sowie einer Ordnungsstörung einher. Hingegen hängt die vorsätzliche Selbstbeschädigung nicht nur mit autoaggressivem Verhalten, sondern auch Gewaltdelikten, Ordnungsstörungen und einem Branddelikt zusammen. Jedoch liegt die Spanne der Korrelationen zwischen null und elf Fällen, wobei die spezifischen Störungen häufig zwischen null und drei korrelierende Einsatzanlässe aufweisen. Dies wird in Abbildung 8 im Anhang veranschaulicht. Im nächsten Schritt wurde der Zusammenhang zwischen dem Einsatzanlass und dem Verhalten bei der Interaktion mit der Polizei untersucht. Die Verhaltensweise beim Eintreffen der Beamten wurde lediglich in 25 Fällen in den Zeitungsartikeln beschrieben. Aufgrund dessen liegt die Spanne der Korrelationen zwischen null und drei, welches zu einer begrenzten Aussagekraft führt. Die Anlässe Sexualdelikt, Geiselnahme und häusliche Gewalt wurden aufgrund von mangelnden Informationen ausgelassen. Trotzdem verdeutlicht die Abbildung 9 im Anhang, dass aufgrund der mannigfaltigen Verbindung nahezu jeder Einsatzanlass zu verschiedenen Verhaltensweisen führen kann.

6. Diskussion der Ergebnisse

In diesem Kapitel werden zunächst die inhaltlichen Schwerpunkte der Analyse kritisch evaluiert und die Forschungsfrage beantwortet. Anschließend werden daraus die allgemeinen und spezifischen Verhaltensempfehlungen in Abhängigkeit zu den psychischen Auffälligkeiten und Störungen abgeleitet.

6.1 Evaluation der Ergebnisse

In diesem Abschnitt werden die empirischen Erkenntnisse mit den theoretischen Vorüberlegungen aus Kapitel 2 und 3 verknüpft und in den aktuellen Forschungsstand eingeordnet. Die Evaluation wird

[298] Vgl. Schwind 2016, S. 193f.

anhand der einzelnen Hauptkategorien der Untersuchung zur Verbesserung Übersichtlichkeit vorgenommen.
Durch die tiefergehende Betrachtung und Diskussion der Kategorie *psychische Störungen* können die wichtigsten Anhaltspunkte sowie die Schwierigkeiten und die Relevanz dargelegt werden. Die Analyse verdeutlicht, dass in den meisten Fällen nur unspezifische Hinweise auf psychische Auffälligkeiten oder Störungen vorhanden sind. Diese hohe Anzahl (50 von 70 Fällen) zeigt, dass es durch die Polizeibeamten vor Ort und ohne entsprechende Qualifikationuntersuch nicht möglich ist die psychische Störung konkret nach dem ICD-10 Leitfaden o.ä. einzuschätzen. Entscheidend ist jedoch, dass die Anhaltspunkte wahrgenommen werden und das polizeiliche Handeln daran angepasst wird.[299]
Generell ist es im Sinne einer guten Eigensicherung stets notwendig das Verhalten und die nonverbale Körpersprache zu beobachten sowie zusammen mit den verbalen Äußerungen zu bewerten, um darauf vorausschauend zu reagieren und so Gefahren abzuwenden. Die umfassende Wahrnehmung ist bei psychisch auffälligen Personen umso wichtiger. Als Anhaltspunkte können eine starke Erregung, eine Desorientierung oder die Äußerung von seltsamen Ideen dienen.[300]
Im Gespräch kann festgestellt werden, ob die Person diesem folgen kann und ggf. den Aufforderungen nachkommt. Jedoch kann dadurch auch eine Störung der Aufmerksamkeit und der Denkabläufe bemerkt werden. In manchen Fällen zeigte sich dies bereits nach kurzer Zeit, wohingegen in anderen Beispielen die psychischen Auffälligkeiten erst nach dem Transport in das Polizeigewahrsam festgestellt wurden.
Weiterhin können eine wechselhafte Stimmung oder Veränderungen in der Aktivität sowie intensive und ggf. nicht nachvollziehbare Gefühle, wie Angst oder Aggression, auf eine psychische Störung hindeuten. Entscheidend ist, dass die Kommunikation dauerhaft aufrechterhalten wird und in Bezug auf die Interaktionsdynamik jederzeit mit einer plötzlichen Handlung oder Eskalation gerechnet werden muss.[301]
Problematisch ist allerdings, wenn die Person die deutsche oder englische Sprache nicht beherrscht und umgekehrt die Beamten nicht die benötigte Sprache kennen. Dieses Hindernis war in einem Fall gegeben. Es konnte jedoch ein Arzt hinzugezogen werden, der die gleiche Muttersprache beherrschte. Da die Kommunikation ein wichtiger

---

[299] Vgl. Feltes und Alex 2020, S. 290f.
[300] Vgl. Hermanutz und Hamann 2012, S. 238.
[301] Vgl. Schmalzl 2012b, S. 351ff.

Bestandteil der Situationslösung und Risikoeinschätzung ist, muss eine alternative Strategie gefunden werden. In der Praxis können weitere Polizeibeamte mit den entsprechenden Sprachkenntnissen hinzugezogen werden. Notfalls können Angestellte des Rettungsdienstes, Angehörige oder sogar Passierende mit der Übersetzung beauftragt werden, falls eine Gefährdung ausgeschlossen werden kann.
Unter dem *Einfluss von Alkohol- oder Betäubungsmitteln* fanden sowohl Gewaltdelikte in Form von Angriffen und Bedrohungen als auch Sachbeschädigungen und Verkehrsdelikte statt. Diese Delikte verdeutlichen, dass die Substanzen die Aggressivität steigern und die Hemmungen bei der Gewaltanwendung gegen Personen und Sachen herabsetzen.
Besonders die Verkehrsverstöße auch im Zusammenhang mit einer Verfolgungsfahrt verdeutlichen jeweils durch die riskante Fahrweise und die zuvor begangenen Delikte die geminderte Affektkontrolle und eine höhere Risikobereitschaft. Dies stützt die Annahme, dass durch die akute Intoxikation das Urteilsvermögen stark beeinträchtigt ist.[302]
Aufgrund dieser und weiterer Faktoren (wie z. B. der sozialen Gruppe) belegen Statistiken, dass ein hoher Anteil an Straftaten unter Alkoholeinfluss und insbesondere im Bereich von Aggressionsdelikten begangen werden.[303]
Vor Ort ist es jedoch schwierig ohne Angaben der betroffenen Person zu erkennen, welche Betäubungsmittel konsumiert wurden, um so das Verhalten und die gesundheitliche Gefährdung darauf begründet einzuschätzen. Dabei können sowohl körperliche als auch psychische Symptome Hinweise auf die Intoxikation liefern. Beispielsweise ist Alkohol in geringen Mengen anregend und steigert mit der weiteren Einnahme die Reizbarkeit und Aggressionen. Darauf folgt bei weiterem Konsum eine sedierende Wirkung.[304]
Symptome, welche insbesondere während des Betäubungsmittelkonsums auftreten, sind Halluzinationen, Wahnideen oder Missdeutungen des Verhaltens anderer Personen. Diese variieren jedoch in Ausmaß und Dauer abhängig von der eingenommenen Substanz und deren Menge. Cannabinoide stellen ein bspw. weitverbreitetes Betäubungsmittel dar und führen zu einer veränderten Wahrnehmung, Antriebsminderung und bei übermäßigem Konsum zu Denkstörungen sowie erhöhter Risikobereitschaft.[305]
Anhaltspunkte stellen insbesondere die geröteten Bindehäute und eine verlangsamte Pupillenreaktion dar. Allerdings besteht die Gefahr

[302] Vgl. Meltzer 2015, S. 5ff.
[303] Vgl. Nedopil und Müller 2012, S. 153ff.
[304] Vgl. Dilling et al. 2015, S. 110ff.
[305] Vgl. Linden 2019, S. 90ff.

einer drogeninduzierten Psychose speziell in Kombination mit paranoiden oder schizophrenen Anteilen. Weitere Substanzen haben zum Teil ähnliche Wirkungen und können äußerlich ohne Vorkenntnisse nur schwer unterschieden werden, zumal die Reaktionen immer von der körperlichen Konstitution abhängen.[306]

Die vorliegende Untersuchung zeigte, dass in drei Fällen eine *wahnhafte Störung* für den Angriff mit einem Messer und Pkw ursächlich waren. Durch die Äußerungen über Befehle von fremden Stimmen oder über Verschwörungen stellten die Polizeibeamten in relativ kurzer Zeit fest, dass dies auf Wahnvorstellungen und/ oder Halluzinationen hindeutete.

Durch wirre Angaben und der Hinweis auf fremde Stimmen oder Geräusche können schizophrene Störungen erkannt werden. Allerdings können betroffene Personen auch unter einer Antriebsminderung leiden und sich sehr zurückgezogen wie in ihrer eigenen Welt gefangen verhalten.[307]

Auch wenn diese Störungsform bei einer Person bereits bekannt ist, muss jederzeit mit einer Verschlechterung der Symptomatik gerechnet werden, da die Krankheit meist in Schüben verläuft. Weiterhin besteht je nach Unterform der Schizophrenie und besonders im Falle von Komorbidität mit Substanzmissbrauch oder einer antisozialen Persönlichkeitsstörung die Gefahr eines Gewaltausbruches.[308]

Bezüglich der *Störung der Sexualpräferenz* wurde die Vergewaltigung eines Kindes und die Entblößung einer Frau erfasst. Der Täter, welcher ein Elfjähriges Kind vergewaltigte, war bereits wegen ähnlich gelagerten Taten bekannt.

Die Chancen für eine erfolgreiche Therapie und die Senkung des Rückfallrisikos werden in der Literatur uneinheitlich eingeschätzt. Allerdings ist die Prognose abhängig von der Art der sexuellen Störung und deren Ausmaß sowie von den individuellen Faktoren, wie kriminelle Vorgeschichte. Generell stellt Pädophilie eine der häufigsten Sexualdelikte dar und führt mit einer hohen Wahrscheinlichkeit zu einer erheblichen Traumatisierung des Kindes.[309]

Das mehrfache Entblößen einer Frau in der Öffentlichkeit könnte ebenfalls eine Störung der Sexualpräferenz darstellen.

Gesetzlich sind nur exhibitionistische Handlungen durch Männer unter Strafe gestellt, daher kann die Betroffene lediglich wegen Erregung öffentlichen Ärgernisses belangt werden. Exhibitionismus

[306] Vgl. Nedopil und Müller 2012, S. 163f.
[307] Vgl. Linden 2019, S. 66ff.
[308] Vgl. Nedopil und Müller 2012, S. 179.
[309] Vgl. ebd., S. 247ff.

beschreibt dabei die wiederholte und krankheitsbedingte Neigung sich öffentlich zu entblößen und die Geschlechtsteile zu zeigen.[310] Diese Verhaltensweise kann dauerhaft oder in Zeiten von emotionalen Krisen auftreten und somit einen Bedarf an Hilfe darstellen. Dies gilt ebenfalls für weibliche oder diverse Personen, welche sich absichtlich in der Öffentlichkeit entblößen.[311]
Die durchgeführte Analyse zeigt, dass die Formen der *suizidalen oder autoaggressiven Handlungen* stark variieren und in circa jedem siebten Fall auftraten. Die Dunkelziffer ist jedoch mit hoher Wahrscheinlichkeit deutlich größer, zumal nicht alle Versuche bekannt werden oder aufgrund von Sorge vor Nachahmung diese nicht in der Zeitung stehen. In mehreren Fällen wurden die Selbstbeschädigungen mit einem Messer oder einer Schusswaffe zum Teil vor Angehörigen oder in der Öffentlichkeit angedroht. Im Gegensatz dazu hatte ein Mann vor aus großer Höhe zu springen. In weiteren Beispielen zündeten sich die Personen entweder selbst aus Protest oder die eigene Wohnung an.
Die vorsätzliche Selbstbeschädigung durch Feuer oder Rauch sowie der Schusswaffe gehört jedoch zu den eher selteneren Suizidmethoden. Hingegen stellen das Erhängen, das Springen aus großer Höhe und die Einnahme von Stoffen, die zu Vergiftung führen, häufige Ursachen dar.[312] Zudem könnte Suicid by Cop als Methode, bei welchem die polizeiliche Schussabgabe provoziert wird, dazu zählen.
Generell sind die Indikatoren, die auf ein erhöhtes Suizidrisiko hindeuten können, vielfältig und komplex, sodass diese meist erst im Gespräch oder sogar in der Therapie erkannt werden können. Wichtig sind die Kenntnisse individueller Lebenssituationen, die soziale Eingebundenheit, kürzliche Krisen und physische sowie psychische Erkrankungen. Dies ist vor dem Hintergrund essentiell, dass 90 % der vollendeten Suizide durch Menschen mit einer diagnostizierten psychischen Störung stattfinden, wobei dies unbestritten mit weiteren Risikofaktoren verbunden ist.[313]
Die Drohung mit selbstbeschädigendem Verhalten kann zum einen als Hilferuf fungieren, zum anderen aber auch zur Manipulation und Fremdbestrafung dienen. Zum Beispiel können nahestehende Personen und die Polizeibeamten dadurch unter Druck gesetzt werden.[314] Weiterhin kann Autoaggression durch Reizüberflutung oder durch eine subjektiv empfundene hoffnungslose Situation im Verlauf des

---

[310] Vgl. Staud 2012, S. 53f.
[311] Vgl. Nedopil und Müller 2012, S. 246.
[312] Vgl. Rübenach 2007, S. 965.
[313] Vgl. Linden 2019, S. 117ff.
[314] Vgl. Nedopil und Müller 2012, S. 329ff.

Polizeieinsatzes auftreten. In Bezug auf den Theorieteil sind Neurosen, Belastungsreaktionen, affektive Störungen und Persönlichkeitsstörungen nicht explizit durch ein Fallbeispiel erfasst. Jedoch kann bspw. selbstverletzendes Verhalten auf eine affektive oder eine Borderlinestörung hindeuten.

Abschließend ist zu sagen, dass sich psychische Störungen vor Ort und mit begrenzter Zeit nur schwerlich feststellen lassen, insbesondere durch nicht für diesen Bereich adäquat ausgebildete Polizeivollzugsbeamte. Jedoch ist eine genaue Diagnose nicht erforderlich und liegt weit außerhalb des Zuständigkeitsbereichs der Beamten. Trotzdem ist es wichtig Anhaltspunkte für psychische Auffälligkeiten wahrzunehmen und diese Störungsbildern zuordnen zu können, um angemessen zu reagieren.[315]

Von großer Bedeutung ist hierbei die Kenntnis von psychischen Störungen, bei denen plötzlich aggressives Verhalten auftreten kann. Im Falle von bspw. Schizophrenie ist dies für die Eigensicherung essentiell. Im Gegensatz dazu sind z.B. Menschen mit antisozialen Persönlichkeitsstörungen selbst für Psychologen schwer erkennbar, sodass diese Formen von den Polizeibeamten höchstwahrscheinlich nicht erkannt werden können. Besonders Angehörige und Bekannte können Hinweise auf psychische Störungen vermitteln, wenn die Person selbst nicht in der Lage ist oder eine Gesprächsführung verweigert.[316]

Das Ziel dieses Abschnitts ist die Analyse der verschiedenen *Einsatzanlässe*, welche zu einem polizeilichen Einsatz geführt haben. Daraus sollen ebenfalls die Indikatoren für Gefährdungssituationen abgeleitet werden. In Bezug auf *Angriffe und Bedrohungen mit gefährlichen Gegenständen und Waffen* ist bedeutsam, dass eine relativ hohe Anzahl an Personen im Zusammenhang mit Hinweisen auf eine psychische Störung zu einfach verfügbaren Waffen wie z. B. einem Messer greifen.

Abhängig von den jeweiligen psychischen Auffälligkeiten können gestörte Denkprozesse und eine veränderte Wahrnehmung zu Angst und dem Gefühl der Bedrohung führen. Durch die Bewaffnung fühlen sich die psychisch gestörten Personen geschützt und wehrhaft. Durch Wahnvorstellungen oder akute Psychosen können die Angriffe auf andere Menschen in der verschobenen Realität als gerechtfertigt wahrgenommen werden.[317]

Durch eine Bedrohung speziell mit einem Messer oder ähnlich gefährlichen Gegenständen wird bei Familienmitgliedern, Nachbarn

---

[315] Vgl. Feltes und Alex 2020, S. 280.
[316] Vgl. Meltzer 2015, S. 5ff.
[317] Vgl. Feltes und Alex 2020, S. 289.

oder fremden Personen große Angst und Verunsicherung hervorgerufen. Des Weiteren signalisiert die Mitnahme oder Verwendung eines Messers eine höhere Gewaltbereitschaft als eine ausschließlich verbale Drohung oder körperliche Gewalt.
Verschiedene Studien belegen, dass im sozialen Nahraum Bedrohungen häufiger in tatsächlicher Gewaltanwendung enden.[318] In jedem Fall ist die Einschätzung des tatsächlichen Risikos problematisch, insbesondere wenn sich die Person in einem psychischen Ausnahmezustand befindet. Daher ist die Situation bezüglich der Eigensicherung in solch einem Konflikt mit dem Auftrag der Gefahrenabwehr für alle Beteiligten komplex.
In Relation zu den weiteren Einsatzanlässen wurde die Polizei in vielen Fällen aufgrund von *geringfügigen Straftaten und Ordnungsstörungen* verständigt. Häufig wurden bei Personen, welche fremdes Eigentum beschädigten, psychische Auffälligkeiten bemerkt. Zusätzlich fanden Störungen durch Lärm oder beleidigendes Verhalten und Ausdrücke statt.
In Kombination mit dem Konsum von Alkohol oder andere psychotropen Substanzen wird die Hemmschwelle zur Begehung von Ordnungsstörungen herabgesetzt. Die Impulsivität, die verminderte Kontroll- und Reflexionsfähigkeit können jedoch nicht nur auf eine Betäubungsmittelintoxikation, sondern auch auf verschiedene andere psychische Störungen wie eine Beeinträchtigung der Affektivität hinweisen.[319]
Eine verminderte Impulskontrolle weisen laut Nedopil und Müller ebenfalls die verursachenden Personen bei *Branddelikten* auf. Durch psychische Auffälligkeiten und/ oder einem Betäubungsmittelkonsum kann die Affektkontrolle weiter vermindert und die Aggressivität gesteigert werden. Besonders in Kombination mit Schizophrenie, Alkoholabhängigkeit, organischen Störungen wie Demenz und suizidalen Gedanken tritt das Inbrandsetzen von Objekten häufiger auf. Dies belegen die Fälle 59 und 66. Ebenso wird bestätigt, dass in den meisten Fällen männliche Täter für die Brandstiftung verantwortlich sind. Die genannten Hintergründe gelten hingegen nur für Erwachsene, da bei Kindern und Jugendlichen das Zündeln ein Ausprobieren und Erleben von Risiken darstellt.[320] In Bezug auf die *Verkehrsdelikte* belegen die untersuchten Bespiele die Annahme von empirischen Studien, dass grundsätzlich ein Zusammenhang zwischen Verkehrsdelinquenz und

---

[318] Vgl. Füllgrabe 2019, S. 191ff.
[319] Vgl. Staud 2012, S. 22ff.
[320] Vgl. Nedopil und Müller 2012, S. 323f.

anderen Delikten existiert.[321] In der Hälfte der Fälle wurde sowohl eine Straftat gegen die körperliche Unversehrtheit als auch ein Verkehrsverstoß, zum Teil auf der Flucht vor der Polizei, begangen. Besonders durch den Konsum von Alkohol und anderen psychotropen Substanzen sowie einer Mischintoxikation steigt die Wahrscheinlichkeit für Unfälle und Konflikte bei einer Verkehrskontrolle enorm. Jedoch können auch Demenz, schizophrene und affektive Störungen zu Fahrunsicherheiten führen.[322]

In der Analyse wurde lediglich ein Fall einer *Geiselnahme* registriert, bei welchem ein psychisch gestörter Mann in einer Sporthalle Kinder und Betreuerinnen festhielt und mit einer Bombenzündung drohte. Durch den Einzelfall entsteht der Eindruck einer geringen Relevanz, jedoch sind wie in diesem Beispiel meist viele Menschen davon betroffen und in Gefahr.

Ausgehend von dem vorliegenden Fallbeispiel mit den Hinweisen auf eine psychische Störung wird lediglich der psychopathische Typus und die damit einhergehende Komplexität bei einer Geiselnahme betrachtet. Jedoch sind weitere Täterkategorien je nach Motivation und spezieller Vorgehensweise vorhanden. Der Handelnde mit psychischen Auffälligkeiten handelt aus sehr unterschiedlichen Motiven, wie z. B. Rache oder Wahnvorstellungen, und zeigt ein sprunghaftes Verhalten.[323]

Zusätzlich können eine veränderte Realitätswahrnehmung und gestörte Denkprozesse die Kommunikation und die Einschätzung der Gefährdung deutlich erschweren. Aufgrund der begrenzten Beeinflussbarkeit und möglichen Kurzschlusshandlungen ist die Gefährdung der Geiseln permanent gegeben. Umso wichtiger ist das Hinzuziehen von Psychologen und Vertrauenspersonen zusätzlich zu der polizeilichen Verhandlungsgruppe.[324]

Die absoluten Zahlen über *Entweichungen* in Deutschland sind nur selten in der Literatur zu finden, jedoch belegen Erkenntnisse aus Studien aus dem Ausland, dass häufig Personen mit einer komorbiden Substanzabhängigkeit und bereits fehlgeschlagenen Fluchtversuchen sowie aus Langeweile und Frust entweichen. Generell zeigte sich, dass die Entwichenen nach kurzer Zeit selbstständig zurückkamen oder von der Polizei zurückgebracht wurden. Es bestand für die Öffentlichkeit nur selten eine Gefahr. Trotzdem stellt jede

[321] Vgl. Laux und Brunnauer 2009, S. 599ff. Für vertiefende Informationen siehe S.599-621.

[322] Vgl. ebd., S. 599ff.

[323] Vgl. Schmalzl und Pfeiffer 2012, S. 118ff.

[324] Vgl. Köthke 2003, S. 126ff.

Entweichung ein Sicherheitsrisiko dar und führt zu polizeilichen Fahndungsmaßnahmen.[325]

Generell ist der Einsatzanlass *medizinischer Notfall* nur in drei Fällen vorhanden, allerdings fand in zwei Beispielen eine Eskalation durch die Bedrohung mit einem Messer und autoaggressivem Verhalten statt. Daraus leitet sich die Erkenntnis ab, dass auch Einsätze zusammen mit dem Rettungsdienst jederzeit in eine unvorhersehbare Richtung umschwenken können. Zur Risikobewertung ist es notwendig möglichst viele Informationen über die Person auch durch den Rettungsdienst und deren vorausgegangene Einsätze einzuholen.

Als letzten Aspekt in der Sparte Einsatzanlässe wird der Punkt *häusliche Gewalt* betrachtet. Grundsätzlich weisen Einsätze mit diesem Anlass aufgrund der persönlichen Beziehung und einer gemeinsamen erlebten Vergangenheit ein hohes Konfliktpotential, Komplexität und eine gesteigertes Gefährdungspotential auf.[326]

Durch die Interaktion in der Familie werden bei Konflikten häufig zahlreiche Emotionen und vor allem Wut und Zorn ausgelöst, welche je nach Streitthema an Intensität zunehmen und zu Aggressionen führen können. Dies kann durch die hochgradige Erregung zu einem Affektdelikt führen, bei welchem das Bewusstsein massiv von den Emotionen beeinflusst wird und übliche Denkprozesse nicht möglich sind.[327]

Nach Nedopil und Müller gibt es zahlreiche Gründe für Auseinandersetzungen in der Familie wie bspw. das Abhängigkeitsverhältnis und der engere soziale Kontakt. Am häufigsten werden dabei Kinder und an zweiter Stelle Frauen verletzt, wobei die Dunkelziffer vermutlich deutlich höher liegt. Eine Kindstötung wird häufiger durch Mütter aufgrund von unterschiedlichsten Motiven begangen, welches durch den Filizid durch die Mutter in Fall 2 bestätigt wird.[328] Dies ist der einzige Fall, in dem die Frau Gewalt anwendete. In allen anderen Fällen verletzten oder bedrohten Männer eine Person in ihrem sozialen Umfeld.

Zusammenfassend bleibt festzuhalten, dass besonders im Zusammenhang mit psychischen Auffälligkeiten, welche bereits bei der Einsatzvergabe bekannt sind, permanent mit einer veränderten Stimmung, Aggressivität und Impulskontrolle gerechnet werden muss.[329]

Generell deutet der entweder durch Angehörige oder die betroffene Person selbst ausgelöste Einsatz von Rettungsdienst und/ oder

[325] Vgl. Sieß 2014, S. 221f.

[326] Vgl. Mönig o. J., o. S.

[327] Vgl. Staud 2012, S. 41ff.

[328] Vgl. Nedopil und Müller 2012, S. 316ff. Für vertiefende Informationen siehe S. 317ff.

[329] Vgl. Scheiblich 2001, S. 283ff.

Polizei auf eine Verschlechterung der Symptome und einen möglichen Kontrollverlust hin. Des Weiteren bedeutet der Kontakt für die Person enormen Stress und ein geringeres Sicherheitsgefühl.[330]
Trotzdem kann es aufgrund der telefonischen Schilderung und dem zeitlichen Verzug zu enormen Differenzen zwischen der Einsatzvergabe und der vor Ort vorgefundenen Situation kommen. Im folgenden Abschnitt wird dies bei der Evaluation der Hauptkategorie Verhalten bei Interkation mit den Polizeibeamten näher betrachtet.
Diese Kategorie umfasst die verschiedenen *Verhaltensweisen der Person im Kontakt mit den Polizeibeamten*, wobei in über der Hälfte der Fälle keine ausführlichen Informationen zu der Interaktion vorliegen. Die Ergebnisse veranschaulichen, dass ungefähr gleich viele Personen einerseits mit Gewalt oder Widerstand reagierten und andererseits eine passive Haltung einnahmen oder die Flucht ergriffen. Weiterhin zeigten fünf Menschen autoaggressives Verhalten.
In Abhängigkeit von den psychischen Auffälligkeiten, besonders bei schizophrenen Personen, kann die Interaktion mit der Polizei zu einem Gefühl der Angst und Bedrohung führen. In Kombination mit der Reizüberflutung und dem hohen Stresslevel können die betroffenen Personen mit Gewalt reagieren, um sich aus ihrer Sicht zu verteidigen und zu schützen.[331]
Wiederum können Andere bei Reizüberflutung mit einem Rückzug in einen umschlossenen Raum mit einer Barrikade der Zugänge reagieren. Dies kann ebenfalls zu einem meist risikoreichem Fluchtverhalten führen oder auch zur Verhinderung von strafrechtlichen Konsequenzen dienen.
Der durch die Konfrontation hervorgerufene Stress führt im Sinne der Theorie der sozialen Wahrnehmung zu einer begrenzten Wahrnehmungs- und Denkleistungskapazität. Durch die Verknüpfung von ggf. vorhandenen Erfahrungen kann eine negative Hypothese gegenüber den Polizeibeamten entstehen und es können Vorurteile gegenüber der gesamten Polizei abgerufen werden.[332]
Nach der Theorie der sozialen Identität wird das Verhalten der Beamten im Hinblick auf die vorhandenen Stereotypen gefiltert, um diese zu bekräftigten. Die psychisch gestörte Person kann daher nur schwer divergente Verhaltensweisen wahrnehmen und die eigenen Handlungen anpassen.[333]
Wie bereits in dem theoretischen Abschnitt erläutert, ist zusätzlich die Reflexionsfähigkeit stark eingeschränkt. Wenn die eigene Situation

[330] Vgl. Lasogga und Gasch 2008, S. 20ff.
[331] Vgl. Füllgrabe 2011, S. 28f.
[332] Vgl. Fischer und Wiswede 2009, S. 192ff.
[333] Vgl. Piontkowski 2011, S. 166ff.

und die Probleme äußeren Ursachen zugeschrieben werden, kann es zu einem hohen Aggressionspotenzial kommen. Zusätzlich erhöht sich der psychische Stress bei Polizeibeamten aufgrund des Kontrollverlustes in dieser Situation.[334]
Insgesamt bleibt festzustellen, dass die beschriebenen Faktoren verstärkt durch Stress und die psychische Erkrankung zu einer schnelleren Gewalteskalation führen können. Mehrere Beispiele zeigen, dass die Personen den polizeilichen Maßnahmen widerstandslos Folge leisten, auch wenn sie zuvor andere Menschen bedroht oder angegriffen haben. Trotzdem resultiert aus diesen Erkenntnissen eine erhöhte Aufmerksamkeit und Distanz im Sinne der Eigensicherung. Im Gegensatz dazu können Andere auch nach einer begangenen Ordnungswidrigkeit oder einem Verkehrsunfall beim Eintreffen der Beamten plötzlich extrem aggressiv reagieren. Die Ergebnisse verdeutlichen, dass aus dem Einsatzanlass nicht abgeleitet werden kann, wie sich die Person vor Ort nach der verstrichenen Zeit bis zum Eintreffen und insbesondere bei der Konfrontation mit Polizeibeamten verhält. Daher ist nur eine bedingte Korrelation zwischen diesen Aspekten feststellbar.
Bei den Fällen mit einer beschriebenen Verhaltensänderung bei dem Eintreffen der Polizei waren jedoch nur selten psychotrope Substanzen relevant bzw. bekannt. Jedoch ist zu beachten, dass diese je nach Wirkung zu einer gesteigerten Enthemmung und zu einer Schmerzunempfindlichkeit führen.[335]
Die Erörterung der *polizeilichen Maßnahmen* dient zur Einschätzung der Auswirkungen und der Risiken insbesondere für psychisch auffällige Personen. Der Einsatz von körperlicher Gewalt ist häufig verknüpft mit dem Durchsetzen von polizeilichen Maßnahmen, die durch unterschiedliche Gesetze legitimiert sein können. Allerdings kann Polizeigewalt auch willkürliche Handlungen einzelner Beamter darstellen. Generell resultieren gewaltsame Handlungen meist aus einer Interaktion zwischen mehreren Personen, welche auf den Ablauf und das Ausmaß der Gewalt Einfluss nehmen. Diese wechselseitige Beeinflussung findet losgelöst von einem spezifischen Anlass und der Situation statt.[336]
Daraus resultiert, dass die gewaltsamen Handlungen aller Beteiligten immer im Kollektiv betrachtet und beurteilt werden sollten. Im Vergleich stellt der *Einsatz von dem Reizstoffsprühgerät* als Hilfsmittel

[334] Vgl. Pinquart 2011, S. 329f.
[335] Vgl. Meltzer 2015, S. 6f.
[336] Vgl. Derin und Singelnstein 2020, S. 122f.

der körperlichen Gewalt eine Steigerung gegenüber dem Einsatz von Körperkraft dar.
Die Wirkung hiervon ist jedoch umstritten, da sie abhängig von der Menge und der Treffsicherheit unmittelbar, verzögert oder überhaupt nicht eintritt. Grundsätzlich ist das Ziel die andere Person durch den Reizstoff kampfunfähig zu machen, da besonders die Augen und die Atmung betroffen sind.[337]
Der Effekt von dem RSG wird insbesondere im Zusammenhang mit psychischen Störungen und/ oder psychotropen Substanzen kontrovers diskutiert. Laut einer Studie von Hollunder-Hollunder erzielte dieses bei psychisch auffälligen Menschen eine bessere Wirkung als bei mental gesunden, jedoch besteht die Möglichkeit, dass die Tester bewusst oder unbewusst aufgrund der psychischen Erkrankung das Reizstoffsprühgerät länger angewendet haben.[338] Im Gegensatz dazu beschreibt Tannert einen niedrigeren oder nicht vorhandenen Effekt bei der gleichen Personengruppe.[339]
In den analysierten Zeitungsberichten wurde in keinem Fall die Benutzung eines Einsatzmehrzweckstockes als Nahdistanzwaffe erwähnt, sodass dieses Einsatzmittel in der Diskussion vernachlässigt wird. Allerdings wird auch der Einsatz von diesem kontrovers diskutiert.
Die Verwendung des *Distanz-Elektroimpulsgerätes* dient genauso wie das RSG dem Ziel den Menschen für kurze Zeit kampfunfähig zu machen sowie ihn daraufhin zu entwaffnen und zu fixieren. Die Stromimpulse führen zu einer kurzzeitigen Verkrampfung der Muskeln und wirken auch bei Menschen mit einem gestörten Schmerzempfinden. Im Gegensatz zum RSG soll die Wirkung daher bei Personen unter dem Einfluss von psychotropen Substanzen und bei psychisch Gestörten sicher eintreten.[340]
Verschiedene Studien ergaben, dass sowohl die Wirksamkeit des Tasers als auch die Rate der leicht verletzten oder unverletzten Personen bei ca. 90 % liegt. Tannert beruft sich dabei auf verschiedene Studien aus dem europäischen Ausland. Aus diesen ergibt sich ebenfalls, dass es mehrere Todesfälle nach einem Tasereinsatz gegeben hat, jedoch wurde durch kein Gerichtsverfahren der direkte Zusammenhang bestätigt.[341]
Im vorliegenden Fall mit Tasereinsatz ist der Mann nach kurzer Zeit im Krankenhaus aufgrund von mutmaßlich verschiedenen Faktoren

---

[337] Vgl. Meltzer 2015, S. 8.
[338] Vgl. Brenner 2012, S. 59.
[339] Vgl. Tannert o. J., S. 5.
[340] Vgl. ebd., S. 1ff.
[341] Vgl. ebd., S. 2ff.

verstorben, zumal die Beamten den Taser einsetzten, um die Medikamentengabe durch einen Notarzt zu ermöglichen. Dies wirft die Frage auf, ob die Verwendung überhaupt rechtlich legitimiert war. Daher muss in gleicher Weise wie bei dem Einsatz der Schusswaffe eine besonders intensive Verhältnismäßigkeitsprüfung erfolgen.

Grundsätzlich gelten für den *Schusswaffengebrauch* als Form des unmittelbaren Zwangs wie bereits erläutert enggefasste rechtliche Voraussetzungen und gesteigerte Anforderungen bei der Anwendung gegen Menschen.[342] Bei einer psychisch kranken Person besteht die Möglichkeit, dass diese zum einen die Androhung des Schusswaffengebrauchs und zum anderen die Konsequenzen ihres Verhaltens teilweise oder nicht gänzlich wahrnehmen und verstehen kann.[343]

In solchen Extremsituationen stehen alle Beteiligten unter enormen Stress, welcher die Wahrnehmungs- und Denkfähigkeiten einschränkt. Insbesondere führen der häufig damit einhergehende psychische Ausnahmezustand und die Konfrontation mit den Polizeibeamten zu einer Reizüberflutung.

Dabei besteht die Möglichkeit, dass eine psychisch kranke Person auf die Anweisung das Messer oder den ähnlich gefährlichen Gegenstand fallen zu lassen nicht wie von der Polizei beabsichtigt reagieren kann und die gesamte Muskulatur verkrampft. In Abhängigkeit von der psychischen Störung ist es für Personen, welche sich verfolgt oder bedroht werden, noch schwieriger die Waffe abzulegen, da sie zum eigenen Schutz dient.[344] Laut Finzen handelt es sich daher in der Mehrzahl von tödlichen Schusswaffengebräuchen gegen psychisch Gestörte um eine wechselseitige Fehlinterpretation der Kommunikation.[345] In zwei Fällen bedrohten und griffen die Personen die Beamten mit einem Schwert oder einem Messer an. Daraufhin gaben diese mehrere Schüsse auf die Angreifer ab, in dessen Folge die Männer jeweils verstarben. Andererseits verbarrikadierte sich ein Mann in einem Patientenzimmer der Psychiatrie und überwand plötzlich die Barrikade, um danach gezielt einen Beamten der Spezialeinheit mit einem Messer anzugreifen. Der Polizist konnte den Mann mit einem Beinschuss stoppen.

In mehreren Fällen wurden die Personen mit *Handfesseln fixiert*. Bei einer Fixierung am Boden ist dahingehend problematisch, dass ein Mensch generell durch die Anstrengung und den Stress mehr Sauerstoff benötigt und in dieser Position schlechter atmen kann. Deswegen muss zwingend verhindert werden, dass auf den Brustkorb und

[342] Vgl. Thiel 2018, S. 242.
[343] Vgl. Brenner 2012, S. 57ff.
[344] Vgl. Meltzer 2015, S. 7.
[345] Vgl. Finzen 2014, S. 11.

insbesondere auf die Schulterblätter Druck ausgeübt wird.[346] Der ggf. entstehende Sauerstoffmangel kann zu einer Panikreaktion oder zu einer augenscheinlich größeren Gegenwehr führen, wobei dadurch die Unterversorgung verschärft wird und die Gefahr eines lagebedingten Erstickungstodes droht.[347]

Kritisch ist jedoch insbesondere die Fixierung einer Person, die sich in Bauchlage befindet, da in Fällen von erheblicher Gegenwehr häufig nicht erkennbar ist, ob diejenigen weiter gegen die Maßnahme ankämpft oder ob die Person keine Luft mehr bekommt und in Panik verfällt. Daher müssen die Bewegungen konstant beobachtet und die Absichten hinterfragt werden, sodass ein lagebedingter Erstickungstod in jedem Fall verhindert werden kann.[348] Diese Problematik betont ebenfalls Füllgrabe und verweist zusätzlich auf verbale Äußerungen des Fixierten, welche unmittelbar beachtet werden sollten.[349] Die Fixierung kann besonders bei der Fesselung, der Ingewahrsamnahme oder der Festnahme relevant sein.

Speziell die Situation einer Verhaftung oder einer Rückführung in eine Psychiatrie in Kombination mit einer psychischen Störung kann zu einer extremen Reaktion führen. Das Verhalten der betroffenen Person kann zwischen aggressiv, kooperativ oder einer gewagten Flucht variieren und ist daher unberechenbar. Im Zweifel sollte durch die Beamten mehr Distanz aufgebaut oder ggf. sogar ein Rückzug erfolgen, um eine bspw. suizidale Handlungen zu verhindern.[350]

Das vorrangige Ziel der Polizei ist stets die Abwehr der bestehenden Gefahr für das Leben und die körperliche Gesundheit von den psychisch kranken und dritten Personen sowie die Risikominimierung für die agierenden Beamten. Bei Bedrohungssituationen und bei Hinweisen auf eine Schusswaffe sollten daher *Spezialkräfte* hinzugezogen werden. Diese Beamten sind besonders auf die Bewältigung von Extremsituationen mit einem hohen Stresslevel trainiert, qualifiziert und entsprechend ausgerüstet.[351] Aufgrund dessen wurden in zwölf Fällen die Spezialeinheiten hinzugezogen. Hierbei ging es um eine Geiselnahme und mehrere Bedrohungsszenarien mit Waffen oder Messern.

Bei den vier betrachteten *Verfolgungsfahrten* wurde jeweils die risikobehaftete und unreflektierte Fahrweise sowie die daraus resultierenden Gefahren deutlich.

[346] Vgl. Meltzer 2015, S. 7.
[347] Vgl. Feltes und Mallach erscheint in 2021, S. 3.
[348] Vgl. Meltzer 2015, S. 7.
[349] Vgl. Füllgrabe 2019, S. 304.
[350] Vgl. Feltes und Alex erscheint in 2021, S. 6f.
[351] Vgl. Bodamer et al. 2012, S. 289ff.

Aufgrund der hohen Gefährdungssituation für die Beteiligten und alle weiteren Verkehrsteilnehmer muss eine besondere Verhältnismäßigkeitsprüfung im Hinblick auf die begangene Ordnungswidrigkeit oder Straftat und der Sicherheit des Straßenverkehrs erfolgen. Dies gilt insbesondere im Bereich der Innenstadt mit zusätzlich viel Fußgängerverkehr sowie der möglicherweise hohen Geschwindigkeit.[352] Durch die Abwägung der Risiken mit der Deliktschwere muss die Verfolgungsfahrt ggf. abgebrochen werden. Eine solch rationale Entscheidung kann in diesem Moment aufgrund eines „Jagdtriebes“ für viele Polizeibeamten schwierig sein.[353]
Anknüpfend an die theoretische Betrachtung der sozialen Interaktion zwischen Polizeibeamten und psychisch Gestörten bleibt festzuhalten, dass diese Situationen zu einem hohen Stresslevel und Unsicherheiten bei den Beamten führen kann. Dadurch werden die eigene Denkleistung und Wahrnehmungsfähigkeit eingeschränkt, sodass die gesamte Lage und damit das Verhalten der psychisch auffälligen Person nur selektiv erfasst wird.[354]
Der Verstand verknüpft dabei die gefilterten Informationen mit bestehenden Hypothesen und Erfahrungen im Zusammenhang mit psychisch Gestörten. Häufig sind bei Polizeibeamten aufgrund verschiedener, bereits in der Theorie erläuterten Faktoren negative Hypothesen vorhanden, sodass gegensätzliche Informationen weniger wahrgenommen werden und sich die Konfrontation zuspitzen kann.[355]
Im Sinne der Attributionstheorie kann außerdem durch die Wahrnehmung eines gesteigerten Aggressionspotentials das eigene steigen. Eine internale Attribution fördert das Gefühl der Kontrolle über die Situation und führt so zu einer Stressreduktion und mehr Selbstsicherheit. Dies hat ebenfalls Einfluss auf das polizeiliche Gegenüber.[356] Auch eine hohe Ambiguitätstoleranz kann zu einer besseren Situationsbewältigung und einer schnelleren Entscheidungsfindung sowie Anpassung an das gezeigte Verhalten beitragen.[357]
So können Lagen, welche kurz vor einer Eskalation stehen, durch weitere polizeiliche Handlungen, wie Distanzvergrößerungen und angepasste Kommunikation, wieder beruhigt werden. Wie bereits erläutert, findet stets eine wechselseitige Beeinflussung zwischen der psychisch gestörten Person und den Polizeibeamten statt. Jedoch ist

[352] Vgl. Feltes 2011, S. 19ff.
[353] Vgl. Lorei 2012b, S. 11f.
[354] Vgl. Hartung und Kosfelder 2019, S. 29f.
[355] Vgl. Fischer und Wiswede 2009, S. 192ff.
[356] Vgl. Litzcke 2003, S. 136f.
[357] Vgl. Piontkowski 2011, S. 11ff.

auch die Interaktion zwischen dem Team und der gesamten Gruppe der agierenden Beamten relevant.
Das Verhalten von allen wird durch die intergruppalen Stereotypen und möglicher negativer Vorurteile beeinflusst. Negative Vorbehalte können bereits vor dem Eintreffen zu einer abweisenden und aggressiven Grundhaltung führen, worauf durch die Wechselwirkung ebenfalls eine gewaltbereite Reaktion hervorgerufen wird. Durch den Effekt der negativen Verstärkung kann eine schnellere Eskalation und bei allen Beteiligten eine Bekräftigung der Stereotypen folgen.[358]
Bei der gemeinsamen Einsatzbewältigung sind ebenfalls der Gruppendruck und die kollektiven Entscheidungen von Bedeutung. Im Spannungsverhältnis zwischen der offiziellen Polizeikultur und der Cop Culture wird in den meisten Fällen einen Entschluss im Sinne der Gefahrengemeinschaft und der alltäglichen Praxis getroffen.[359]
Insbesondere nach dem Einsatz können die subkulturellen Werte und Normen als Rechtfertigung für die eigene Vorgehensweise dienen. So werden auch während des Einsatzes die Verantwortlichkeiten aufgespalten und Unsicherheiten minimiert. Eine verstärkte maskuline Dominanz und einen gesteigerten Beschützerinstinkt konnte aufgrund der meist spärlichen Informationen nicht bestätigt oder widerlegt werden.[360]
Diese Problematik gilt ebenfalls für die persönlichkeitspsychologischen Einflussfaktoren. Die Kontrollüberzeugungen, das interpersonale Vertrauen, die Ambiguitätstoleranz und weitere individuelle Faktoren konnten durch diese Analyse nicht herausgearbeitet werden. Trotzdem sind diese Effekte im Hinblick auf das persönliche Verhalten, die Interaktion und die gesamte Lagebewältigung relevant.
In Bezug auf den *Verbleib der Person* wird lediglich die Unterbringung in einer psychiatrischen Einrichtung aufgrund der großen Anzahl sowie die Subkategorie Tod diskutiert.
Die *Unterbringung in einer Psychiatrie* ist gegen den Willen einer Person nur möglich, wenn bestimmte Voraussetzungen durch das Vorliegen einer psychischen Störung und einer Eigen- und/ oder Fremdgefährdung erfüllt sind. Je nach Bundesland gelten unterschiedliche Regelungen und Zuständigkeiten von Polizei und Ordnungsbehörden.[361]
Dabei ist ebenfalls die einstweilige Unterbringung durch einen richterlichen Beschluss inkludiert. Diese Unterbringungsform dient zur sofortigen Behandlung psychischer Krankheiten mit hohen

[358] Vgl. Fischer und Wiswede 2009, S. 334f.
[359] Vgl. Klukkert et al. 2009, S. 201ff.
[360] Vgl. Behr 2006, S. 47ff.
[361] Vgl. Schönstedt 2016, S. 24ff.

Sicherheitsvorkehrungen und wird anstelle von Untersuchungshaft beschlossen.[362]

In 50 von 70 Fällen erfolgte eine zumindest kurzzeitige Aufnahme in einer psychiatrischen Einrichtung, die die Hinweise auf die psychischen Auffälligkeiten bestätigen. Allerdings kann keine Aussage über die Dauer und Freiwilligkeit der Behandlung getroffen werden.

In Bezug auf die Unterkategorie *Tod* verstarben vier Personen durch oder in Folge einer suizidalen Handlung. Hingegen ist in zwei Fällen, in denen die Beamten mit einem Schwert und Messer bedroht und angegriffen wurden, der polizeiliche Schusswaffengebrauch für das Ableben ursächlich. In zwei weiteren Fällen, bspw. dem Einsatz eines Elektrodistanzimpulsgerätes, wurde der Zusammenhang zwischen den polizeilichen Maßnahmen und dem Versterben geprüft. Daher bleibt festzustellen, dass in mindestens zwei und maximal vier von 70 Fällen eine Korrelation in Bezug auf das Ableben bestand. Diese relativ hohe Anzahl kann jedoch nicht mit offiziellen Statistiken im Hinblick auf eine psychische Erkrankung verglichen werden.

In Deutschland werden vielfach keine umfassenden Statistiken über Polizeieinsätze und ihre Folgen durch die Innenministerien zur Verfügung gestellt. Diese werden nur auf Anfrage mitgeteilt und dabei erfolgt keine detaillierte Darstellung der Hintergründe sowie möglicher psychischer Störungen. Jedoch führt Lorei auf seiner Website die angefragten Daten, eigene Auswertungen von Medienberichten und die Statistik der Zeitschrift Bürgerrechte & Polizei zusammen. Laut dieser Übersicht verstarben Im Jahr 2019 15 Personen und im Jahr 2018 elf Menschen infolge eines tödlichen Schusswaffengebrauches durch die Polizei.[363]

Laut Feltes und Alex litt eine Vielzahl der Verstorbenen an einer psychischen Erkrankung oder an Wahrnehmungsstörungen aufgrund von psychotropen Substanzen oder weiteren Faktoren, sodass die polizeilichen Maßnahmen und Aufforderungen durch die Personen nicht in adäquater Weise verstanden und umgesetzt werden konnten.[364]

Folglich ist die Anzahl besonders erschütternd und wirft die Frage auf, ob der Schusswaffengebrauch in jedem Fall unvermeidbar war. Die meisten Fälle geschahen im Zusammenhang mit einer Bedrohung oder einem Angriff auf Polizeibeamte und seltener auf Dritte unter der Verwendung eines Messers. Eine Beurteilung ist jedoch nur je nach

---

[362] Vgl. Nedopil und Müller 2012, S. 47ff.

[363] Vgl. Lorei 2020, S. 3.

[364] Vgl. Feltes und Alex 2020, S. 280.

Einzelfall möglich und aus der Retrospektive einfacher als in der akuten Situation.[365]
Daher ist es umso wichtiger die Fälle detailliert aufzuarbeiten und zu analysieren. Weiterhin wirft dies die Frage auf, ob die Einsätze mit einer größeren Distanz, anderer Kommunikation und einer einsatztaktischen Anpassung an die psychische Störung anders verlaufen wären.[366]
Auch in Bezug auf die Begehung von Delikten durch psychisch auffällige Personen erfolgt in Deutschland keine offizielle Auswertung, da Straftaten von psychisch gestörten Menschen bspw. nicht gesondert in der polizeilichen Kriminalstatistik aufgeführt werden. Lediglich gesondert und zum Teil lückenhaft werden die Straftaten von Konsumenten harter Drogen und die Begehung unter Alkoholeinfluss erfasst. [367]
Im Gegensatz dazu erfolgt im Ausland zumindest teilweise eine Aufarbeitung der polizeilichen Schusswaffengebräuche und der anderen Todesfälle im Zusammenhang mit einem polizeilichen Einsatz. Bspw. ist in England dafür eine unabhängige Kommission zuständig, sodass eine neutrale und lückenlose Überprüfung gewährleistet ist. Sowohl in Kanada als auch in Australien erfolgt ebenfalls eine Aufarbeitung dieser Todesfälle. Diese Erkenntnisse bestätigen, dass ein großer Teil der Verstorbenen unter einer psychischen Störung litt.[368]

6.2 Limitationen der Ergebnisse

Die Begrenzungen der vorliegenden Arbeit beziehen sich vor allem auf die begrenzte Anzahl und eingeschränkte Informationslage der Zeitungsartikel. Durch die Analyse von 70 verschiedenen Fällen konnte jedoch ein detaillierter Überblick über die unterschiedlichen Einsätze mit psychisch auffälligen Personen geschaffen werden. Hingegen waren die Angaben über den genauen Einsatzverlauf und die Interaktion zum Teil mangelhaft. Auch die Hinweise auf eine psychische Störung wurden häufig nicht näher bezeichnet. Allerdings ist fraglich, ob eine exakte Auflistung in dem benötigten Umfang prinzipiell, z. B. in polizeilichen Berichten, vorhanden ist. Diese Problematik könnte nur durch eine Beobachtungsstudie und durch die Befragung von allen Beteiligten und Zeugen beleuchtet werden.
Bezüglich der Forschungsfrage bleibt festzustellen, dass die Untersuchung die polizeilichen Einsätze mit psychischen Gestörten und die

---

365 Vgl. Finzen 2014, S. 6ff.
366 Vgl. ebd., S. 11f.
367 Vgl. Bundeskriminalamt 2020, S. 116ff.
368 Vgl. Finzen 2014, S. 9ff.

unterschiedlichen Faktoren bezüglich des Einsatzanlasses und der Interaktion darlegen kann. Die Medienanalyse verdeutlicht, dass in den meisten Fällen lediglich Hinweise auf psychische Auffälligkeiten vorliegen. Jedoch konnte durch die zusätzliche quantitative Auswertung die Korrelation zwischen spezifischen psychischen Störungen und bestimmten Einsatzanlässen veranschaulicht werden. Auch die tiefergehende Analyse der Interaktion zwischen den Beamten und den betroffenen Personen verdeutlicht das Spektrum an möglichen Einsatzverläufen. Dies umfasst eine friedliche und widerstandlose Kooperation, jedoch auch selbstverletzendes Verhalten und Aggressionen gegenüber der Polizei. Durch die Betrachtung der polizeilichen Maßnahmen konnte auch in diesem Aspekt ein guter Überblick gewonnen werden. Die Beamten trafen am häufigsten freiheitsentziehende Maßnahmen.
Laut Feltes und Alex stellen Ingewahrsamnahmen und Festnahmen eine der häufigsten Konfliktsituationen dar.[369] Generell ist es jedoch schwierig von der Einzelfallanalyse auf zukünftige Einsatzszenarien zu schließen und verallgemeinerbare Aussagen über psychisch auffällige Personen zu treffen.[370]
Als Ergebnis steht fest, dass in jeder Situation ein Gefahrenradar vorhanden sein und durch die Risikoeinschätzung das Verhalten der Beamten lageangepasst verändert werden muss.[371] Dafür ist in Bezug auf die psychischen Störungen ein Basiswissen über die unterschiedlichen Krankheitsformen und daraus resultierende Anhaltspunkte sowie die Kenntnis über besondere Gefahren notwendig.
Das Ziel ist die generelle Einsatzkompetenz im Umgang mit psychisch Gestörten zu optimieren und durch das spezifische Verständnis individuelle Unsicherheiten abzubauen. Dies kann zusätzlich durch die Vermittlung und das Training von Bewältigungsstrategien erreicht werden.[372]

6.3 Verhaltensempfehlungen

Durch die theoretische und fallbezogene Betrachtung der unterschiedlichen psychischen Störungen können im Umgang mit den Betroffenen die folgenden Verhaltenshinweise generiert werden. Bereits beim Eintreffen der Beamten sollte eingeschätzt werden, ob Verstärkungskräfte hinzugezogen werden und diese sich ggf. im Hintergrund oder in großer Distanz bereithalten. Die Einhaltung von einem

---

[369] Vgl. Feltes und Alex erscheint in 2021, S. 6ff.
[370] Vgl. Bilsky et al. 2014, S. 190f.
[371] Vgl. Füllgrabe 2019, S. 125ff.
[372] Vgl. Schmalzl 2012a, S. 86ff.

möglichst großen Abstand ist essentiell, wobei zusätzlich darauf geachtet werden sollte, dass je nach Einsatzanlass Ausgänge nicht versperrt werden.[373]
Weiterhin sollte die Hinzuziehung von ärztlichem oder sozialpsychiatrischem Personal geprüft werden. Bei einem Einsatz sollte durchgehend der gleiche Beamte als Kontaktperson fungieren. Durch eine deutliche und ruhige Sprechweise mit einfachformulierten Sätzen kann eine Überforderung der psychisch Gestörten verhindert werden. Zusätzlich sollte auf eine ruhige Gestik, Mimik und ein langsames Bewegen geachtet werden.[374]
Das oberste Ziel ist die Verminderung von Stress und Anspannung bei der betroffenen Person, bspw. durch Hinsetzen oder Rauchen. Der momentane Erregungszustand und der Realitätsbezug müssen durch die Aussagen ermittelt werden und dauerhaft zusammen mit der Gestik und Mimik überprüft werden. So besteht die Möglichkeit, dass Stimmungsschwankungen oder eine Angriffshaltung früher erkannt werden.[375]
Trotz realitätsfernen Äußerungen sollten diese immer ernst genommen und Verständnis dafür gezeigt werden. Durch gezieltes Nachfragen und das gemeinsame Besprechen von Lösungsalternativen, bspw. welches Krankenhaus in Frage kommt, kann auf das beabsichtigte Verhalten hingearbeitet werden.[376]
Zusätzlich sollten die Hilfsmöglichkeiten im Krankenhaus oder einer psychiatrischen Einrichtung betont und mögliche Vorurteile entkräftet werden. Das Einbeziehen von Angehörigen muss immer lageangepasst entschieden werden. Das vorrangige Ziel ist die Deeskalation der Situation mit Worten, wobei die Polizeibeamten zusätzlich permanent auf ihr persönliches Gefahrenradar achten und auf einen Angriff vorbereitet sein müssen.[377] Anhaltspunkte für einen bevorstehenden Gewaltausbruch sind gesteigerte Unruhe, Anspannung von Körper oder Gesichtsmuskeln, irritierende Bewegungen und das Erheben der Stimme zusammen mit schnellem Sprechen.[378] Besonders in der Kombination mehrerer Risikofaktoren, wie einer psychische Störung und der Einnahme von psychotropen Substanzen, sowie eine enge Räumlichkeit können zu einer Überforderung und einem Gewaltausbruch oder autoaggressivem Verhalten führen.[379]

---

373 Vgl. Schmalzl 2012b, S. 351ff.
374 Vgl. Finzen 2014, S. 11f.
375 Vgl. Meltzer 2015, S. 9f.
376 Vgl. Schönstedt 2016, S. 19f.
377 Vgl. Füllgrabe 2019, S. 273ff.
378 Vgl. Anke et al. 2003, S. 24.
379 Vgl. Meltzer 2015, S. 8ff.

Zusätzlich zu diesen allgemeinen Verhaltensempfehlungen gibt es in Abhängigkeit von psychischen Störungen spezifische Auffälligkeiten und besondere Hinweise für die Polizeibeamten. Als besondere Risikofaktoren für Aggressionsausbrüche gelten substanzbedingte, schizophrene und dissoziale Störungen, sodass die Verhaltenshinweise für diese Formen im Folgenden erläutert werden. Hingegen kommt es unter anderem bei einer Depression oder Borderline-Störung vermehrt zu autoaggressiven Handlungen, welche andere Empfehlungen zur Folge haben.[380]

Der Missbrauch von Betäubungsmitteln kann zu einer erhöhten Risikobereitschaft und Aggressivität führen. Weiterhin wird die Affektkontrolle, die Kritikfähigkeit sowie das Schmerzempfinden vermindert. Subjektiv empfundene Erniedrigungen kann zu impulsiven Reaktionen und Aggressionen führen.[381]

Daraus ergibt sich die Notwendigkeit respektvoll und beruhigend auf die berauschten Personen einzuwirken. Weiterhin muss auf eine erhöhte Eigen- oder Fremdgefährdung geachtet werden.[382]

In Bezug auf wahnhafte Störungen können Erkrankte sehr ambivalent und überraschend aggressiv reagieren. Erkrankte dieser Störungsform verspüren plötzlich den Drang sich zu bewaffnen und können insbesondere durch Wahnvorstellungen bei einer körperlichen Auseinandersetzung erhebliche Kräfte mobilisieren.[383]

Aufgrund dessen ist es notwendig einen großen Abstand einzuhalten und eine Überforderung durch eine Reizüberflutung zu vermeiden. In Bezug auf die Bewaffnung mit überwiegend alltäglichen Gegenständen, wie z. B. einem Küchenmesser, wird die Person diese mit hoher Wahrscheinlichkeit nicht ablegen, da sie sich sonst schutzlos ausgeliefert fühlt.[384]

Dennoch brauchen die Menschen klare Verhaltenshinweise, welche ebenfalls durch das eindeutige Handeln der Beamten bestärkt werden. Die Wahnvorstellungen sollten unbedingt ernst genommen und Verständnis dafür gezeigt werden. Trotzdem ist eine ehrliche Antwort, dass die Stimmen oder ähnliches nicht wahrgenommen werden, notwendig.[385]

Hinsichtlich der antisozialen Persönlichkeitsstörungen ist zu beachten, dass die Erkrankten über kein Schuldbewusstsein verfügen und zu Aggressionen neigen. Durch den Impuls andere Menschen zu

---

[380] Vgl. Nedopil und Müller 2012, S. 302ff.
[381] Vgl. Staud 2012, S. 28ff.
[382] Vgl. Giesekus 2001, S. 339f.
[383] Vgl. Krauthan 2014, S. 204f.
[384] Vgl. Füllgrabe 2011, S. 28.
[385] Vgl. Scheiblich 2001, S. 315f.

manipulieren kann Freundlichkeit schnell in Aggression umschwenken. Entscheidend ist dabei das Aufzeigen von klaren Konsequenzen und Anweisungen sowie keine Unsicherheiten zu zeigen.[386]
Im Umgang mit autoaggressiv handelnden Menschen ist es wichtig eine Beziehung auf persönlicher Ebene herzustellen, indem sich ein Polizeibeamter als Bezugsperson bspw. mit Vor- und Nachnamen vorstellen. Die Äußerungen müssen in jedem Fall ernst genommen und die räumliche Distanz darf nur mit Zustimmung verringert werden. Die Gewinnung von Informationen durch aktives Zuhören dient zur Risikoeinschätzung, dabei helfen die getroffenen Vorbereitungen, der Anlass und die Ursachen als Anhaltspunkte weiter.[387]
Das Ziel ist die Verhinderung der suizidalen Handlungen und die eigene Reflexion über diese Entscheidung anzuregen, bspw. in Form von zukunftsorientierten Fragen. Der Entschluss über suizidales Verhalten oder den Abbruch darf durch die Beamten nicht durch Festhalten o. ä. übernommen werden, auch wenn dies schwer auszuhalten ist. Stattdessen müssen die Selbstkontrolle und die Bereitschaft zu einer psychiatrischen Behandlung im Gespräch gefördert werden.[388]
Durch das Erzählen kann bereits enormer Druck von dem Suizidenten genommen und durch Nachfragen zu den aktuellen Bedürfnissen sowie Belastungen weiter gemindert werden. Jedoch ist es wichtig, dass keine unrealistischen Versprechen gemacht und keine allgemeinen oder ichbezogenen Floskeln, wie schön das Leben ist, genannt werden.[389]

7. Kritische Methodenreflexion

Nach der kritischen Betrachtung der Forschungsergebnisse folgt nun die untersuchungsspezifische Evaluation der Methodik. Die etablierten Gütekriterien der quantitativen Forschung lauten Validität, Reliabilität sowie Objektivität und beziehen sich auf die standardisierten Erhebungsverfahren.[390]
Daher ist eine Übertragung auf eine qualitative Untersuchung aufgrund des individuellen Forschungsgegenstandes und Vorgehens nur bedingt möglich. Um die möglichen subjektiven Einflüsse und qualitativen Signifikanzen zu erfassen, entwickelten unter anderem Mayring und Steinke qualitative Gütekriterien.[391] Die intersubjektive Nachvollziehbarkeit umfasst als wichtigstes Kriterium die exakte

---

[386] Vgl. Benecke 2014, S. 393ff.
[387] Vgl. Krauthan 2014, S. 206ff.
[388] Vgl. Wedler 2001, S. 353f.
[389] Vgl. Linden 2019, S. 123f.
[390] Vgl. Lamnek und Krell 2016, S. 144.
[391] Vgl. Flick 2017, S. 487ff.

Verfahrensdokumentation des Forschungsprozesses sowie die Nutzung von regelgeleiteten Verfahren.[392]
In Kapitel 4 wurde sowohl die Auswahl der Methodik als auch die Bestimmung des Untersuchungsmaterials detailliert beschrieben. Darauf folgte die Kategorienbildung und Datenauswertung auf Grundlage der qualitativen Inhaltsanalyse von Mayring, sodass die Anforderungen der Verfahrensdokumentation und Regelgeleitetheit erfüllt wurden.[393] Die Indikatoren des Forschungsprozesses beinhalten die umfassende Prüfung aller Verfahrensschritte des qualitativen Vorgehens, der Methodenwahl, der Samplingstrategie und der individuellen Entscheidung währenddessen.[394] Um die Interaktion zwischen psychisch gestörten Personen und Polizeibeamten sowie die daraus resultierenden Schwierigkeiten herauszuarbeiten, war die qualitative Herangehensweise angemessen. Das Forschungsziel war der Erkenntnisgewinn von verschiedenen Anhaltspunkten für psychische Störungen und mögliche korrelierende Einsatzanlässe. Eine ausschließlich quantitative Untersuchung wäre daher nicht zielführend gewesen.
Als Methodik wurde die strukturierende Inhaltsanalyse nach Mayring gewählt, sodass die Erhebungs- und Auswertungsmethoden angepasst waren.[395] Hinsichtlich der Samplingstrategie besteht die Möglichkeit, dass die Untersuchung von polizeiinternen Einsatzdokumentationen und angefertigten Berichten detaillierter sowie in Bezug auf die Termini korrekter als Zeitungsartikel sind. Allerdings wird dieser Feldzugang durch die notwendigen Genehmigungen durch das zuständige Innenministerium des Bundeslandes erschwert. Weiterhin besteht die Möglichkeit, dass die erforderlichen Daten in dieser Form nicht vorhanden sind, da nicht zu jedem Einsatz eine Schriftlage gefertigt wird.[396]
Als weitere Option wurde das Presseportal, welches täglich Presseberichte von Polizei, Feuerwehr, etc. veröffentlicht, geprüft. Jedoch ist in dem Portal mit über 1500 Artikeln mit Polizeibezug keine Suchfunktion mit Schlagwörtern vorhanden.[397]
Nach der Durchsicht von einigen Meldungen zeigte sich in Relation zur Datenbank WISO eine deutlich kleinere Anzahl an Artikeln in einem begrenzten Zeitraum im Zusammenhang mit psychisch gestörten Personen. Andererseits ist auch eine kritische Betrachtung der

---

392 Vgl. Steinke 2017, S. 324ff.
393 Vgl. Mayring 2016, S. 144f.
394 Vgl. Steinke 2017, S. 325ff.
395 Vgl. Mayring 2015, S. 103ff.
396 Vgl. Litzcke 2003, S. 23ff.
397 Vgl. news aktuell GmbH 2021, o. S.

Suchfunktion in WISO notwendig, da möglicherweise passende Artikel nicht erfasst werden. Beispielsweise wird eine Alkohol- oder Betäubungsmittelabhängigkeit in der Presse häufig nicht als psychisch krank betitelt. Durch die gewählten Suchparameter wird jedoch der Konsum von psychotropen Substanzen in Kombination mit psychischen Auffälligkeiten dokumentiert. Als Lösungsvariante könnte Alkohol- und Betäubungsmittelabhängigkeit in die Suchparameter aufgenommen werden. Allerdings ist fraglich, ob in Zeitungsartikeln eine dauerhafte Sucht oder lediglich der Konsum aufgrund der geringen Informationslage beschrieben wird.
Grundsätzlich ist die Berichterstattung auf bestimmte, überregionale Schlüsselereignisse wie bspw. auf die Messerattacke auf Weizsäcker fokussiert, sodass es häufig zu Überschneidungen kam. Daraufhin wurde der Schwerpunkt auf regionale Zeitungen gelegt, um auch unspektakuläre Fälle zu erfassen.[398] Weiterhin wird zum Beispiel über suizidale Handlungen nur selten berichtet, um im Sinne des Werther-Effektes weitere Suizide zu verhindern.[399] Generell ist es notwendig die Informationen und die Verwendung von Termini insbesondere bezogen auf polizeiliche Maßnahmen und Krankheiten in den Presseartikeln kritisch zu hinterfragen.
Bezüglich des Kriteriums Nähe zum Gegenstand war die Entscheidung für eine fallbezogene Analyse von Zeitungsartikeln angemessen, jedoch könnte diese durch eine eigene Beobachtung noch gesteigert werden.[400]
Das Kriterium empirische Verankerung der Untersuchung bezieht sich auf die Überprüfung von Hypothesen mithilfe der empirischen Daten. Die qualifizierte Inhaltsanalyse nach Mayring entspricht als kodifizierte Methode den Anforderungen und wurde mittels der deduktiven Kategorienentwicklung durchgeführt.[401]
Die Anzahl der analysierten Artikel beträgt 102 und stellt daher eine relativ kleine Stichprobe dar. Dies schränkt deutlich die Repräsentativität ein, jedoch erfüllt sie das Ziel einen kleinen Ausschnitt der Realität und der theoretischen Grundlagen zu veranschaulichen.
Die Interpretation der erhobenen Daten wurde dabei durch die theoretischen Erkenntnisse abgesichert. Weiterhin wurden die codierten Inhalte im Sinne der Intercoderreliabilität nach Mayring durch die eigene Autorin mehrfach überprüft. Allerdings konnte aufgrund des

[398] Vgl. Beck 2018, S. 114ff.
[399] Vgl. Scherr 2016, S. 99f.
[400] Vgl. Mayring 2016, S. 146f.
[401] Vgl. Steinke 2017, S. 328f.

begrenzten Zeitraumes keine Bestätigung durch eine andere Person erfolgen.[402]

Die Relevanz der vorliegenden Untersuchung wird durch 15 tödlich verlaufende Schusswaffengebräuche, welche mit hoher Wahrscheinlichkeit teilweise auch in Zusammenhang einer psychischen Störung standen, im Jahr 2019 bestätigt.[403] In der Analyse wurden zwei Todesfälle nach dem Einsatz der Schusswaffe und zwei weitere Sterbefälle nach einem Polizeieinsatz betrachtet. Da keine Statistiken über Polizeieinsätze mit psychischen Gestörten öffentlich zugänglich sind, können die Resultate Aufschluss über die verschiedenen Einsatzanlässe und -verläufe geben. Aufgrund der relativ kleinen Stichprobe ist jedoch der Geltungsbereich der Untersuchung limitiert.

Im Sinne der Triangulation ist die Verbesserung der Qualität durch mehrere Analysegänge oder durch verschiedene Methoden möglich.[404] Grundsätzlich war die qualitative Inhaltsanalyse hinreichend dazu geeignet, um die Fälle zu analysieren.

Eine mögliche Optimierung stellt die zusätzliche quantitative Auswertung in Anlehnung an den Mixed-Methods-Ansatz dar.[405] Als Resümee bleibt festzustellen, dass die vorliegende Untersuchung einer Mehrzahl der qualitativen Gütekriterien entspricht.

8. Fazit

Das Ziel der vorliegenden Arbeit war der Erkenntnisgewinn über polizeiliche Einsätze mit psychisch gestörten Personen und über die Komplexität der Interaktion. Durch die Analyse von Zeitungsartikeln wurden die Einsatzanlässe, die Hinweise auf mögliche psychische Störungen sowie das jeweilige Verhalten bei dem Kontakt untersucht. Die zum Teil verhältnismäßig hohen Prävalenzraten bei psychischen Erkrankungen und der vermutlich große Anteil an tödlich verletzten Menschen mit einer psychischen Störung, während oder in Folge eines Polizeieinsatzes, verdeutlichen die erhebliche Relevanz dieser Thematik. Die Analyse zeigt, dass bei den meisten Personen lediglich Hinweise für psychische Auffälligkeiten vorlagen und diese größtenteils nicht näher klassifiziert werden konnten. Die Ausnahmen stellten wahnhafte und substanzbedingte Störungen sowie vorsätzliche Selbstbeschädigungen dar. In Bezug auf den Einsatzanlass belegt die Untersuchung, dass in vielen Fällen ein Angriff oder eine Bedrohung teilweise mit körperlicher Gewalt oder einer Waffe, aber auch eine Ordnungsstörung und geringfügige Straftaten zu dem

[402] Vgl. Mayring 2015, S. 124.
[403] Vgl. Steinke 2017, S. 330.
[404] Vgl. Flick 2018, S. 87.
[405] Vgl. Reichertz 2016, S. 100f.

Polizeieinsatz führen. Weiterhin kann von dem ursprünglichen Einsatzanlass nicht auf das Verhalten bei der Interaktion mit den Polizeibeamten geschlossen werden.
Aufgrund dieser Erkenntnisse bleibt festzustellen, dass in jeder Einsatzsituation ein Gefahrenradar vorhanden sein und das Verhalten der Einsatzkräfte stetig angepasst werden muss.[406] Bei dem polizeilichen Umgang mit psychisch auffälligen Menschen ist es notwendig, dass Informationen über die häufigsten psychischen Störungen und konkrete Anhaltspunkte für diese vermittelt werden. Das theoretische Wissen sollte während und nach dem Studium in regelmäßigen Abschnitten wiederholt und durch eine praktische Anwendung gefestigt werden. Dabei sind vor allem klare Verhaltenshinweise und Kommunikationsstrategien auch in Abhängigkeit von spezifischen Störungsbildern relevant. Auf diese Weise können Stereotypen und Unsicherheiten bei den Beamten abgebaut werden. Durch eine lückenlose Dokumentation und angemessene Einsatznachbereitung können sowohl positive als auch negative Faktoren identifiziert und für kommende Situationen in die persönlichen Handlungsschemata adaptiert werden. Die Einsatzbearbeitung und die Risikoeinschätzung können durch eine intensive Analyse, eine polizeiinterne Fehlerkultur und durch eine qualifizierte Polizeiführung optimiert werden. Eine detaillierte Dokumentation und eine generelle Verfügbarkeit ist ebenso für die Öffentlichkeit sowie für wissenschaftliche Untersuchungen bedeutsam. Eine unabhängige Erfassungsstelle wäre dafür im besonderen Maße geeignet, speziell um Fälle von Polizeigewalt gegen psychisch Gestörte aufzuarbeiten. Aufgrund von steigenden Prävalenzraten und einer Vielzahl an tödlich verletzten Menschen infolge eines Schusswaffengebrauchs, welche mutmaßlich mit einer psychischen Erkrankung korrelieren, ist diese Thematik weiterhin von Bedeutung und bedarf einer interdisziplinären sowie unabhängigen Forschungseinrichtung.

[406] Vgl. Füllgrabe 2019, S. 125ff.

Literaturverzeichnis

Aeppli, Jürg; Gasser, Luciano; Gutzwiller, Eveline; Tettenborn, Annette (2016): Empirisches wissenschaftliches Arbeiten. 4. Auflage. Bad Heilbrunn: Verlag Julius Klinkhardt.

Anke, Mario; Bojack, Barbara; Krämer, Gernot; Seißelberg, Klaus (2003): Deeskalationsstrategien in der psychiatrischen Arbeit. Bonn: Psychiatrie-Verlag.

Beck, Klaus (2018): Das Mediensystem Deutschlands. Strukturen, Märkte, Regulierung. 2. Auflage. Wiesbaden: Springer VS.

Behr, Rafael (2006): Polizeikultur. Routinen - Rituale - Reflexionen ; Bausteine zu einer Theorie der Praxis der Polizei. Wiesbaden: VS Verlag für Sozialwiss.

Behr, Rafael (2008): Cop Culture - Der Alltag des Gewaltmonopols. Männlichkeit, Handlungsmuster und Kultur in der Polizei. 2. Auflage. Wiesbaden: VS Verlag für Sozialwissenschaften.

Benecke, Cord (2014): Klinische Psychologie und Psychotherapie. Ein integratives Lehrbuch. Stuttgart: Kohlhammer.

Bierhoff, Hans-Werner (2002): Einführung in die Sozialpsychologie. Weinheim: Beltz.

Bilsky, Wolfgang; Weßel-Therhorn, Denise; Kalus, Axel (2014): Krisenverhandlung. In: Thomas Bliesener, Friedrich Lösel und Günter Köhnken (Hg.): Lehrbuch der Rechtspsychologie. Bern: Verlag Hans Huber, S. 183–197.

Bodamer, Lisa; Singer, Stefan; Riber, Willi; Lockner, Gunther (2012): Spezialeinheiten und Einsatzpsychologie. In: Hans-Peter Schmalzl, Max Hermanutz und Lisa Bodamer (Hg.): Moderne Polizeipsychologie in Schlüsselbegriffen. 3. Auflage. Stuttgart: Boorberg, S. 289–298.

Brenner, Gerhard (2012): Umgang mit psychisch Kranken. In: Öffentliche Sicherheit (5-6), S. 57–59, Stand: 01.01.2021.

Bundeskriminalamt (2016): Was bedeutet eigentlich Fahndung? URL: https://www.bka.de/DE/IhreSicherheit/Fahndungen/WasBedeutetFahndung/wasbedeutetfahndung_teaser.html, Stand: 16.02.2021.

Bundeskriminalamt (2020): Polizeiliche Kriminalstatistik. Jahrbuch 2019. URL:

https://www.bka.de/DE/AktuelleInformationen/StatistikenLagebilder/PolizeilicheKriminalstatistik/PKS2019/pks2019_node.html, Stand: 08.02.2021.

Derin, Benjamin; Singelnstein, Tobias (2020): Polizei und Gewalt. In: Daniela Hunold und Andreas Ruch (Hg.): Polizeiarbeit zwischen Praxishandeln und Rechtsordnung. Empirische Polizeiforschungen zur polizeipraktischen Ausgestaltung des Rechts. Wiesbaden: Springer, S. 121–142.

DGPPN (2019): Zahlen und Fakten der Psychiatrie und Psychotherapie. URL: https://www.dgppn.de/_Resources/Persistent/154e18a8cebe41667ae22665162be21ad726e8b8/Factsheet_Psychiatrie.pdf, Stand: 01.10.2020.

Diederichs, Otto (2015): Der Mythos vom gefährlichen Irren. In: Deutsche Polizei (1), S. 10–12.

Diekmann, Andreas (2018): Empirische Sozialforschung. Grundlagen, Methoden, Anwendungen. 12. Auflage. Hamburg: Rowohlt Taschenbuch Verlag.

Dilling, Horst; Mombour, Werner; Schmidt, Martin H. (2015): Internationale Klassifikation psychischer Störungen. ICD-10 Kapitel V (F) klinisch-diagnostische Leitlinien. 10. Auflage. Bern: Hogrefe Verlag.

Dlugos, Andrea; Zwanzger, Peter (2012): Diagnostische Einteilung von Angststörungen. In: Michael Kellner und Rainer Rupprecht (Hg.): Angststörungen. Klinik, Forschung, Therapie. Stuttgart: Kohlhammer, S. 29–63.

Fahl, Christian; Winkler, Klaus (2015): Definitionen und Schemata Strafrecht. 6. Auflage. München: Beck.

Feltes, Thomas (2011): Polizeiliche Verfolgungsfahrten und der „Jagdinstinkt“. Kriminologisch-polizeiwissenschaftliche Anmerkungen zu einem wenig beachteten Phänomen. In: Polizei & Wissenschaft (2), S. 11–23.

Feltes, Thomas; Alex, Michael (2020): Polizeilicher Umgang mit psychisch gestörten Personen. In: Daniela Hunold und Andreas Ruch (Hg.): Polizeiarbeit zwischen Praxishandeln und Rechtsordnung. Empirische Polizeiforschungen zur polizeipraktischen Ausgestaltung des Rechts. Wiesbaden: Springer, S. 279–300.

Feltes, Thomas; Alex, Michael (erscheint in 2021): Polizeieinsätze in Verbindung mit psychisch kranken Menschen. In: Swen Körner und Mario Staller (Hg.): Handbuch Einsatztraining: Professionelles Konfliktmanagement für Polizist*innen“. unbekannt: Springer, o. S. URL:

https://www.thomasfeltes.de/images/Feltes_Alex_Psychisch_Gesto%CC%88rte_02052020_ohne_marks.pdf, Stand: 02.02.2021.

Feltes, Thomas; Jordan, Lena (2017): Schnelles und langsames Denken im Polizeiberuf. Ein Beitrag zu Risiken und Nebenwirkungen polizeilicher Sozialisation. In: Jürgen Stierle, Dieter Wehe und Helmut Siller (Hg.): Handbuch Polizeimanagement. Polizeipolitik – Polizeiwissenschaft - Polizeipraxis. Wiesbaden: Springer Gabler, S. 255–276.

Feltes, Thomas; Mallach, Wolfgang (erscheint in 2021): Der Lagebedingte Erstickungstod. In: Swen Körner und Mario Staller (Hg.): Handbuch Einsatztraining: Professionelles Konfliktmanagement für Polizist*innen". unbekannt: Springer, o. S. URL: https://www.thomasfeltes.de/images/Feltes_Mallach_LET.pdf, Stand: 04.03.2021.

Fiedler, Peter; Herpertz, Sabine (2016): Persönlichkeitsstörungen. 7. Auflage. Weinheim: Beltz. URL: http://sub-hh.ciando.com/book/?bok_id=2087896.

Finzen, Asmus (2013): Stigma psychische Krankheit. Zum Umgang mit Vorurteilen, Schuldzuweisungen und Diskriminierungen. Köln: Psychiatrie-Verlag.

Finzen, Asmus (2014): Tödliche Polizeischüsse. URL: http://www.finzen.de/pdf-dateien/gewalt%20polizeischuesse.pdf, Stand: 01.01.2021.

Fischer, Lorenz; Wiswede, Günter (2009): Grundlagen der Sozialpsychologie. 3. Auflage (Wolls Lehr- und Handbücher der Wirtschafts- und Sozialwissenschaften). München: Oldenbourg. URL: http://sub-hh.ciando.com/book/?bok_id=25777.

Fischer, Thomas (2020): Strafgesetzbuch. Mit Nebengesetzen. 67. Auflage. München.

Flick, Uwe (2017): Qualitative Sozialforschung. Eine Einführung. 8. Auflage. Reinbek: Rowohlt Taschenbuch Verlag.

Flick, Uwe (2018): Managing quality in qualitative research. 2nd Edition. Los Angeles: SAGE.

Forgas, Joseph (1999): Soziale Interaktion und Kommunikation. Eine Einführung in die Sozialpsychologie. 4. Auflage. Weinheim: BELTZ PVU.

Früh, Werner (2011): Inhaltsanalyse. Theorie und Praxis. 7. Auflage. Konstanz: UVK-Verlagsgesellschaft.

Füllgrabe, Uwe (2011): Der polizeiliche Umgang mit psychisch Gestörten. In: Deutsche Polizei (10), S. 28–30.

Füllgrabe, Uwe (2012): Suicide by cop. In: Hans-Peter Schmalzl, Max Hermanutz und Lisa Bodamer (Hg.): Moderne Polizeipsychologie in Schlüsselbegriffen. 3. Auflage. Stuttgart: Boorberg, S. 309–322.

Füllgrabe, Uwe (2019): Psychologie der Eigensicherung. Überleben ist kein Zufall. 8. Auflage.

GBI-Genios Deutsche Wirtschaftsdatenbank GmbH (o. J.): WISO. Suche in Presse Deutschland. URL: https://www.wiso-net.de/dosearch/%3A3%3APRESSEDTL?searchlater=t&selectedNavigationPath=%3A3%3APRESSE%7C%3A3%3APRESSEDTL, Stand: 29.11.2020.

Giesekus, Ulrich (2001): Alkohol- und Drogenabhängige. In: Thomas Stepan (Hg.): Zwischen Blaulicht, Leib und Seele. Grundlagen notfallmedizinischer Psychologie. 2. Auflage. Edewecht: Stumpf & Kossendey, S. 317–354.

Gollwitzer, Mario; Schmitt, Manfred (2019): Sozialpsychologie kompakt. 2. Auflage. Weinheim: Beltz.

Hartung, Johanna; Kosfelder, Joachim (2019): Sozialpsychologie. 4. Auflage.

Heide, Steffen (2011): Medizinische Aspekte der Gewahrsamstauglichkeit. In: Rechtsmedizin 21 (4), S. 325–333. DOI: 10.1007/s00194-011-0765-x.

Hermanutz, Max (1999): Konflikte zwischen Polizei und psychisch kranken Menschen. In: Praxis der Rechtspsychologie 9. (1), S. 67–77.

Hermanutz, Max; Hamann, Susanne (2012): Psychische Störungen. In: Hans-Peter Schmalzl, Max Hermanutz und Lisa Bodamer (Hg.): Moderne Polizeipsychologie in Schlüsselbegriffen. 3. Auflage. Stuttgart: Boorberg, S. 230–240.

Hoff, Paul; Sass, Henning (2010): Psychopathologische Grundlagen der forensischen Psychiatrie. In: Hans-Ludwig Kröber, Dieter Dölling, Norbert Leygraf und Henning Sass (Hg.): Handbuch der Forensischen Psychiatrie. Psychopathologische Grundlagen und Praxis der forensischen Psychiatrie im Strafrecht, Bd. 2 (Handbuch der Forensischen Psychiatrie, 2). Berlin: Steinkopff, S. 1–156.

Hussy, Walter; Schreier, Margrit; Echterhoff, Gerald (2013): Forschungsmethoden in Psychologie und Sozialwissenschaften für Bachelor. 2. Auflage. Berlin, Heidelberg: Springer.

Jacobi, Frank; Höfler, M.; Strehle, J.; Mack, S. et al. (2014): Psychische Störungen in der Allgemeinbevölkerung : Studie zur

Gesundheit Erwachsener in Deutschland und ihr Zusatzmodul Psychische Gesundheit (DEGS1-MH). In: Der Nervenarzt 85 (1), S. 77–87. DOI: 10.1007/s00115-013-3961-y.

Jauering, Henning (2019): Mit Schwert bewaffneter Mann von Polizei erschossen. URL: https://www.wiso-net.de/document/SPON__6db1c5f3e59666a06ab617b2b82934e864badf68, Stand: 10.02.2021.

Klukkert, Astrid; Ohlemacher, Thomas; Feltes, Thomas (2009): Torn between two targets: German police officers talk about the use of force. In: Crime Law Soc Change 52 (2), S. 181–206. DOI: 10.1007/s10611-008-9178-5.

Köthke, Rolf (2003): Geiselnahme. In: Frank Stein (Hg.): Grundlagen der Polizeipsychologie. 2. Auflage. Göttingen: Hogrefe, S. 124–137.

Krauthan, Günter (2014): Psychologisches Grundwissen für die Polizei. 5. Auflage. Weinheim: Beltz.

Kröber, Hans-Ludwig (2009): Zusammenhänge zwischen psychischer Störung und Delinquenz. In: Hans-Ludwig Kröber, Dieter Dölling, Norbert Leygraf und Henning Sass (Hg.): Handbuch der Forensische Psychiatrie. Kriminologie und Forensische Psychatrie (Handbuch der Forensischen Psychiatrie, 4). Darmstadt: Steinkopff, S. 321–338.

Kuckartz, Udo (2018): Qualitative Inhaltsanalyse. Methoden, Praxis, Computerunterstützung. 4. Auflage. Weinheim, Basel: Beltz Juventa.

Kugelmann, Dieter (2012): Polizei- und Ordnungsrecht. 2. Auflage. Berlin: Springer.

Lamnek, Siegfried; Krell, Claudia (2016): Qualitative Sozialforschung. 6. Auflage. Weinheim, Basel: Beltz.

Lasogga, Frank; Gasch, Bernd (2008): Notfallpsychologie. Lehrbuch für die Praxis. Heidelberg: Springer-Verlag.

Lau, Steffen; Kröber, Hans-Ludwig (2010): Schuldfähigkeit bei krankhaften seelischen Störungen. In: Hans-Ludwig Kröber, Dieter Dölling, Norbert Leygraf und Henning Sass (Hg.): Handbuch der Forensischen Psychiatrie. Psychopathologische Grundlagen und Praxis der forensischen Psychiatrie im Strafrecht (Handbuch der Forensischen Psychiatrie, 2). Berlin: Steinkopff, S. 213–226.

Laux, Gerd; Brunnauer, Alexander (2009): Verkehrsdelinquenz aus psychiatrischer und psychologischer Sicht. In: Hans-Ludwig Kröber, Dieter Dölling, Norbert Leygraf und Henning Sass (Hg.): Handbuch der Forensische Psychiatrie. Kriminologie und

Forensische Psychatrie (Handbuch der Forensischen Psychiatrie, 4). Darmstadt: Steinkopff, S. 599–626.

Lincoln, Tania; Pedersen, Anya; Hahlweg, Kurt; Wiedl, Karl Heinz; Frantz, Inga Lena (2019): Evidenzbasierte Leitlinie zur Psychotherapie von Schizophrenie und anderen psychotischen Störungen. Göttingen: Hogrefe.

Linden, Adrian Elias (2019): Psychologie und Kommunikation für Notfallsanitäter. Psychosoziale Grundlagen für die Arbeit im Rettungsdienst. 1. Auflage.

Litzcke, Sven Max (2003): Polizeibeamte und psychisch Kranke. Wahrnehmung, Einstellungen, Emotionen, Verhalten (Schriftenreihe Polizei & Wissenschaft). Frankfurt am Main: Verlag für Polizeiwissenschaften.

Lorei, Clemens (2012a): "Jagdfieber". In: Hans-Peter Schmalzl, Max Hermanutz und Lisa Bodamer (Hg.): Moderne Polizeipsychologie in Schlüsselbegriffen. 3. Auflage. Stuttgart: Boorberg, S. 138–146.

Lorei, Clemens (Hg.) (2012b): Studien zur Eigensicherung: Polizei im Jagdfieber. Frankfurt am Main: Verlag für Polizeiwissenschaft.

Lorei, Clemens (2020): Statistiken zum polizeilichen Schusswaffengebrauch in Deutschland. URL: http://schusswaffeneinsatz.de/download/statistiken.pdf, Stand: 11.02.2021.

Maß, Reinhard (2010): Diagnostik der Schizophrenie. Göttingen: Hogrefe.

Maurer, Marcus; Reinemann, Carsten (2006): Medieninhalte. Eine Einführung. Wiesbaden: VS Verlag für Sozialwissenschaften.

Mayring, Philipp (2015): Qualitative Inhaltsanalyse. Grundlagen und Techniken. 12. Auflage. Weinheim: Beltz.

Mayring, Philipp (2016): Einführung in die qualitative Sozialforschung. Eine Anleitung zu qualitativem Denken. 6. Auflage (Pädagogik). Weinheim, Basel: Beltz.

Meltzer, Steffen (2015): Die Gefahr aus dem "Nichts". Der Umgang mit „auffälligen“ oder „instabilen“ Personen im polizeilichen Einsatz. In: Die Polizei 64. (1), S. 4–10.

Meyen, Michael; Löblich, Maria; Pfaff-Rüdiger, Senta; Riesmeyer, Claudia (2011): Qualitative Forschung in der Kommunikationswissenschaft. Eine praxisorientierte Einführung. Wiesbaden: VS Verlag für Sozialwissenschaften.

Ministerium des Innern des Landes Nordrhein-Westfalen (o. J.): Spezialeinheiten: Polizistinnen und Polizisten in

Extremsituationen. URL: https://polizei.nrw/artikel/spezialeinheiten-polizistinnen-und-polizisten-in-extremsituationen, Stand: 03.01.2020.

Mönig, Ulrike (o. J.): Häusliche Gewalt. URL: http://www.krimlex.de/artikel.php?BUCHSTABE=H&KL_ID=86, Stand: 16.02.2021.

Nedopil, Norbert (2007): Forensische Psychiatrie. 3. Auflage. Stuttgart: Thieme.

Nedopil, Norbert; Müller, Jürgen Leo (2012): Forensische Psychiatrie. Klinik, Begutachtung und Behandlung zwischen Psychiatrie und Recht. 4. Auflage. Stuttgart: Georg Thieme Verlag KG. URL: http://ebooks.thieme.de/9783131034540.

news aktuell GmbH (2021): Presseportal. Blaulicht. URL: https://www.presseportal.de/blaulicht/, Stand: 01.02.2021.

Pinquart, Martin (2011): Soziale Bedingungen psychischer Störungen. In: Hans-Ulrich Wittchen (Hg.): Klinische Psychologie & Psychotherapie. 2. Auflage. Heidelberg: Springer-Medizin, S. 319–336.

Piontkowski, Ursula (2011): Sozialpsychologie. Eine Einführung in die Psychologie sozialer Interaktion. München: Oldenbourg Verlag.

Portmann, Meink (o. J.): Bagatellkriminalität. URL: http://www.krimlex.de/artikel.php?BUCHSTABE=B&KL_ID=26, Stand: 16.02.2021.

Preker, Alexander (2019): Schweizer Ermittler gehen von psychischer Erkrankung des Tatverdächtigen aus. URL: https://www.wiso-net.de/document/SPON__7ebb7489a7e63cd0432383efafd0a60599458742, Stand: 10.02.2021.

Reichertz, Jo (2016): Qualitative und interpretative Sozialforschung. Eine Einladung. Wiesbaden: Springer VS.

Rössler, Patrick (2017): Inhaltsanalyse. 3. Auflage. Konstanz, München: UVK Verlagsgesellschaft.

Rübenach, Stefan (2007): Todesursache Suizid. URL: https://www.destatis.de/DE/Methoden/WISTA-Wirtschaft-und-Statistik/2007/10/todesursache-suizid-102007.pdf?__blob=publicationFile, Stand: 30.12.2020.

Scheiblich, H. (2001): Der psychisch kranke Mensch. In: Thomas Stepan (Hg.): Zwischen Blaulicht, Leib und Seele. Grundlagen notfallmedizinischer Psychologie. 2. Auflage. Edewecht: Stumpf & Kossendey, S. 283–316.

Scherr, Sebastian (2016): Depression – Medien – Suizid. Wiesbaden: Springer Fachmedien Wiesbaden.

Schmalzl, Hans-Peter (2012a): Einsatzkompetenz. In: Hans-Peter Schmalzl, Max Hermanutz und Lisa Bodamer (Hg.): Moderne Polizeipsychologie in Schlüsselbegriffen. 3. Auflage. Stuttgart: Boorberg, S. 86–95.

Schmalzl, Hans-Peter (2012b): Umgang mit psychisch auffälligen Personen. In: Hans-Peter Schmalzl, Max Hermanutz und Lisa Bodamer (Hg.): Moderne Polizeipsychologie in Schlüsselbegriffen. 3. Auflage. Stuttgart: Boorberg, S. 347–357.

Schmalzl, Hans-Peter; Pfeiffer, Michael (2012): Geiselnahme. In: Hans-Peter Schmalzl, Max Hermanutz und Lisa Bodamer (Hg.): Moderne Polizeipsychologie in Schlüsselbegriffen. 3. Auflage. Stuttgart: Boorberg, S. 118–126.

Schöch, Heinz (2009): Straßenverkehrsdelinquenz. In: Hans-Ludwig Kröber, Dieter Dölling, Norbert Leygraf und Henning Sass (Hg.): Handbuch der Forensische Psychiatrie. Kriminologie und Forensische Psychatrie (Handbuch der Forensischen Psychiatrie, 4). Darmstadt: Steinkopff, S. 578–598.

Schönstedt, Oliver (2016): Umgang mit psychisch kranken Menschen aus der Perspektive der Gefahrenabwehrbehörden. Stuttgart: Richard Boorberg Verlag GmbH Co KG.

Schütte, Matthias; Braun, Frank; Keller, Christoph (2016): Eingriffsrecht Nordrhein-Westfalen. Grundriss für die Aus- und Fortbildung. Stuttgart: Kohlhammer.

Schwind, Hans-Dieter (2016): Kriminologie und Kriminalpolitik. Eine praxisorientierte Einführung mit Beispielen. Unter Mitarbeit von Jan-Volker Schwind. 23. Auflage. Heidelberg: Kriminalistik.

Siemens, Ansgar (2019): Attentat aus dem Nichts. URL: https://www.wiso-net.de/document/SPON__fb1f99b450246efa6167223fc7f2e7ed39d1bac2, Stand: 10.02.2021.

Sieß, Julia (2014): Psychiatrischer Beitrag. Merkmale von Entweichungen aus der forensischen Psychiatrie. In: Forensische Psychiatrie, Psychologie, Kriminologie) 8. (3), S. 221–223.

Staud, Lothar (2012): Basiswissen der Forensischen Psychiatrie. Eine Anleitung für Juristen, Ärzte, Psychologen, Kriminalbeamte, Medizinstudenten, Krankenschwestern und Sozialarbeiter. 3. Auflage. Stuttgart: Boorberg.

Steinert, Tilman; Traub, Hans-Joachim (2016): Gewalt durch psychisch Kranke und gegen psychisch Kranke. In:

Bundesgesundheitsblatt, Gesundheitsforschung, Gesundheitsschutz 59 (1), S. 98–104.

Steinke, Ines (2017): Gütekriterien qualitativer Forschung. In: Uwe Flick, Ernst von Kardorff und Ines Steinke (Hg.): Qualitative Forschung. Ein Handbuch. 12. Auflage. Reinbek bei Hamburg: Rowohlt Taschenbuch Verlag, S. 319–331.

Stohler, Rudolf (2019): Opiatabhängigkeit und komorbide psychische Störungen. In: Marc Walter und Euphrosyne Gouzoulis-Mayfrank (Hg.): Psychische Störungen und Suchterkrankungen. Diagnostik und Behandlung von Doppeldiagnosen. 2. Auflage. Stuttgart, S. 223–230.

Taddicken, Monika (2019): Analyse von Zeitungsartikeln und Online-Nachrichten. In: Nina Baur und Jörg Blasius (Hg.): Handbuch Methoden der empirischen Sozialforschung. 2. Auflage. Wiesbaden: Springer VS, S. 1157–1164.

Tajfel, Henri (1982): Gruppenkonflikt und Vorurteil. Entstehung und Funktion sozialer Stereotypen. Bern, Stuttgart, Wien: Huber.

Tannert, Norbert (o. J.): Wissenswerte Informationen zum Thema Elektroimpulsgerät ("Taser"). URL: https://www.gdp.de/gdp/gdpnrw.nsf/id/d61e94d3ca03f6bbc1257ee3007879f3/$file/infoseite%20gdp.pdf.

Tegtmeyer, Henning; Vahle, Jürgen (2018): Polizeigesetz Nordrhein-Westfalen. 12. Auflage. Stuttgart: Boorberg.

Thiel, Markus (2018): Polizei- und Ordnungsrecht. 4. Auflage. Baden-Baden: Nomos.

Wedler, Hans-Ludwig (2001): Der suizidale Patient. In: Thomas Stepan (Hg.): Zwischen Blaulicht, Leib und Seele. Grundlagen notfallmedizinischer Psychologie. 2. Auflage. Edewecht: Stumpf & Kossendey, S. 341–354.

World Health Organization (2019): Mental disorders. URL: https://www.who.int/news-room/fact-sheets/detail/mental-disorders, Stand: 01.10.2020.

Anhang

Tabelle 2: Liste der analysierten Zeitungsartikel[407]

Laufende Nummer	Fallnr.	Zeitung	Erscheinungsdatum	Verfasser	Überschrift
[1]	**1**	Spiegel Online	01.01.2019	Waldermann, Anselm; Fokken, Silke; Diehl, Jörg	Autofahrer hatte die "klare Absicht, Ausländer zu töten"
[2]	**1**	Spiegel Online	01.01.2019	Kanter, Olaf; Fokken, Silke	Mann fährt gezielt Fußgänger um - möglicherweise Anschlag
[3]	**1**	Spiegel Online	02.01.2019	Engel, Sarah	"Wir können von Terrorismus sprechen"
[4]	**2**	Spiegel Online	22.02.2019	Engel, Sarah	Dreijähriges Mädchen in Berlin erstochen
[5]	**3**	Spiegel Online	07.04.2019	Koerth, Katharina; Preker, Alexander	Mörder nicht in geschlossene Psychiatrie zurückgekehrt
[6]	**4**	Spiegel Online	09.04.2019	Witte, Jens	Schwangere Frau getötet - Ehemann festgenommen
[7]	**5**	Spiegel Online	11.04.2019	Engel, Sarah	Polizei fasst vier aus Psychiatrie geflohene Straftäter

[407] Eigene Darstellung

[8]	**1**	Spiegel Online	12.04.2019	Parth, Christian	Menschenjagd mit dem Auto
[9]	**6**	Spiegel Online	06.05.2019	Bahlmann, Henrik	27-Jähriger stirbt nach Fixierung auf Polizeiwache
[10]	**7**	Spiegel Online	13.05.2019	Bredow, Birte	Mann stirbt nach Taser-Einsatz der Polizei
[11]	**8**	Spiegel Online	05.06.2019	Bredow, Birte	Festnahme nach mutmaßlich rassistischer Messerattacke
[12]	**9**	Spiegel Online	13.06.2019	Midasch, Bastian	Polizist tötet seine Mutter und sich selbst
[13]	**10**	Spiegel Online	28.06.2019	Lehmann, Timo	Vergewaltigung mit Wolfsmakse - Verdächtiger in Psychiatrie
[14]	**11**	Spiegel Online	30.07.2019	Preker, Alexander	Schweizer Ermittler gehen von psychischer Erkrankung des Tatverdächtigen aus
[15]	**12**	Spiegel Online	20.11.2019	Siemens, Ansgar	Attentat aus dem Nichts
[16]	**12**	Spiegel Online	20.11.2019	Siemens, Ansgar, Ziegler, Jean-Pierre	Polizei sieht keine Verbindung zwischen Weizsäcker und Angreifer
[17]	**12**	Spiegel Online	21.11.2019	Kieselbach, Janne	Verletzter Polizist erneut operiert

[18]	**12**	Spiegel Online	22.11.2019	Preker, Alexander	Verletzter Polizist schildert Ablauf des Angriffs
[19]	**13**	Spiegel Online	28.12.2019	Jauernig, Henning	Mit Schwert bewaffneter Mann von Polizei erschossen
[20]	**1**	Die Welt	03.01.2019	Frigelj, Kristian	Was folgt aus der Bluttat von Bottrop?
[21]	**1**	Die Welt	03.01.2019	Klapsa, Kaja	"Meistens handelt es sich um vereinsamte Männer mittleren Alters"
[22]	**14**	Die Welt	05.01.2019	Ohne Verfasser (o. V.)	Schnelsen: SEK-Einsatz nach Flucht aus Psychiatrie
[23]	**15**	Die Welt	05.02.2019	o. V.	Ikea-Täter: Betreuer alarmiert Polizei
[24]	**6**	Die Welt	02.05.2019	o. V.	Rotherbaum: Messerangriff auf zwei Polizisten
[25]	**8**	Die Welt	06.06.2019	o. V.	Nach Messerangriff Mann festgenommen
[26]	**11**	Die Welt	31.07.2019	o. V.	Täter von Frankfurt wurde seit Tagen gesucht
[27]	**11**	Die Welt	03.08.2019	Gubernator, Sebastian	Tage des Donners
[28]	**11**	Die Welt	12.09.2019	o. V.	Beratungen über mehr Sicherheit auf Bahnhöfen
[29]	**16**	Die Welt	14.10.2019	o. V.	Mann sticht Passanten ins Gesäß

[30]	**17**	Frankfurter Neue Presse	08.01.2019	dpa, o. V.	Kinder als Geiseln genommen
[31]	**18**	Frankfurter Neue Presse	16.01.2019	o. V.	28- Jähriger zerrt Frau aus Auto
[32]	**19**	Frankfurter Neue Presse	04.02.2019	Bahlburg, Ronald	Selbstmord wegen Mobbing?
[33]	**20**	Frankfurter Neue Presse	05.03.2019	o. V.	Fahrgäste in U-Bahn beschimpft
[34]	**21**	Frankfurter Neue Presse	22.03.2019	Dietermann, Judith	Einfach ins Gesicht geschlagen
[35]	**22**	Frankfurter Neue Presse	03.04.2019	o. V.	Fremder Mann im Auto gesteht
[36]	**4**	Frankfurter Neue Presse	09.04.2019	Agel, Christoph	Schwangere Frau getötet
[37]	**4**	Frankfurter Neue Presse	10.04.2019	o. V.	Verdächtiger von Bad Nauheim in Psychiatrie
[38]	**23**	Frankfurter Neue Presse	03.05.2019	o. V.	Polizei stoppt verwirrte Frau
[39]	**24**	Frankfurter Neue Presse	03.06.2019	o. V.	Rettungskräfte mit Machete bedroht
[40]	**25**	Frankfurter Neue Presse	19.06.2019	o. V.	Frau beißt und tritt Bundespolizisten
[41]	**26**	Frankfurter Neue Presse	19.06.2019	o. V.	Dieser Mann wird vermisst

[42]	**11**	Frankfurter Neue Presse	31.07.2019	Gräber, Daniel; Rolfs, Pia	Vom Musterbeispiel zum Täter
[43]	**11**	Frankfurter Neue Presse	31.07.2019	dpa, o. V.	ICE-Täter wurde seit Tagen gesucht
[44]	**12**	Frankfurter Neue Presse	21.11.2019	Indyka, Anett; Engel, Esteban; Bock, Caroline	Hass auf Weizsäcker-Familie
[45]	**27**	Frankfurter Neue Presse	16.12.2019	Dpa, o. V.	Polizei erschießt Mann bei Messerangriff
[46]	**28**	Main Post	02.01.2019	o. V.	Von harmonisch bis Brandheiß
[47]	**29**	Main Post	02.02.2019	o. V.	Bewaffneter löst Großeinsatz aus
[48]	**29**	Main Post	02.02.2019	o. V.	78-Jähriger löst Großeinsatz aus
[49]	**30**	Main Post	14.03.2019	o. V.	Polizeibericht: Mit Messer bedroht
[50]	**31**	Main Post	26.03.2019	o. V.	Geflohener Gewalttäter weiter auf der Flucht
[51]	**32**	Main Post	28.03.2019	o. V.	Stoppbefehl der Polizei ignoriert
[52]	**33**	Main Post	24.04.2019	Dpa, o. V.	SEK-Einsatz nach Streit
[53]	**34**	Main Post	14.05.2019	o. V.	Mutter schwer verletzt: Sohn steht unter Verdacht

[54]	**35**	Main Post	05.06.2019	o. V.	Mann in psychischer Ausnahmesituation
[55]	**36**	Main Post	28.06.2019	o. V.	Bluttat in Kahl: Täter war psychisch krank
[56]	**10**	Main Post	29.06.2019	Dpa, o. V.	Verdächtiger wieder in Psychiatrie
[57]	**37**	Main Post	12.07.2019	o. V.	23-Jähriger zertrümmert Inventar
[58]	**38**	Main Post	19.07.2019	o. V.	Halbnackter stört Motelgäste
[59]	**39**	Main Post	22.07.2019	o. V.	Mann bedroht Nachbarn mit Messer
[60]	**11**	Main Post	30.07.2019	Ritschel, Sarah	Mann stieß Achtjährigen vor Zug
[61]	**11**	Main Post	31.07.2019	Dpa, o. V.	ICE-Täter offenbar psychisch krank
[62]	**40**	Main Post	12.08.2019	o. V.	Zwei Polizeieinsätze wegen Männern mit Machete
[63]	**41**	Main Post	14.08.2019	o. V.	Gezündelt und Polizei attackiert
[64]	**42**	Main Post	16.08.2020	o. V.	Mann bedroht Vater: SEK-Einsatz und evakuierte Häuser
[65]	**43**	Main Post	29.08.2019	o. V.	Attacke vor Würzburger Bahnhof

[66]	**44**	Main Post	06.09.2019	Dpa, o. V.	Pfeilschüsse auf Passanten
[67]	**45**	Main Post	07.09.2019	o. V.	Junger Mann griff Frau an
[68]	**46**	Main Post	12.10.2019	Kohlhepp, Björn	Mann mit Messer löste Einsatz aus
[69]	**47**	Main Post	14.10.2019	o. V.	Großeinsatz: 22.jähriger Mann droht mit Suizid
[70]	**48**	Main Post	15.10.2019	o. V.	Psychisch auffälliger Mann lärmt die ganze Nacht
[71]	**49**	Main Post	19.10.2019	o. V.	Randale, Drohung und Beleidigung
[72]	**50**	Main Post	07.11.2019	o. V.	27-Jähriger greift in Schweinfurt Passanten an
[73]	**51**	Main Post	12.11.2019	o. V.	Schuss ins Bein stoppt 35-jährigen Patienten mit Messer
[74]	**52**	Main Post	12.11.2019	o. V.	Junge Frau randalierte im Hotel
[75]	**53**	Main Post	18.11.2019	o. V.	Messerangriff am Busbahnhof
[76]	**12**	Main Post	22.11.2019	Dpa, o. V.	Warum Morde im Wahn selten sind
[77]	**54**	Main Post	03.12.2019	Albrecht, Silke	Bezirkskrankenhaus: Patient bedrohte sich selbst mit Glasscherbe

[78]	**55**	Main Post	13.12.2019	o. V.	Frau beschädigt Gräber auf Nürnberger Friedhof
[79]	**13**	Main Post	30.12.2019	Dpa, o. V.	Mann bedroht Polizisten mit Schwert und wird erschossen
[80]	**1**	Rheinische Post	02.01.2019	Bröcker, Michael	Anschlag auf Ausländer
[81]	**1**	Rheinische Post	02.01.2019	Hauser, Claudia; Reisener, Thomas	Autofahrer wollte Ausländer töten
[82]	**56**	Rheinische Post	08.01.2019	o. V.	Mann greift Vater mit drei Kindern im Zug an
[83.1]	**19**	Rheinische Post	04.02.2019	dpa, o. V.	Tod einer Elfjährigen bestürzt Berlin
[83.2]	**57**	Rheinische Post	04.02.2019	o. V.	Polizei bändigt Randalierer
[84]	**58**	Rheinische Post	21.02.2019	Triesch, Alexander; Stirken, Norbert	Passanten löschen brennenden Mann
[85]	**59**	Rheinische Post	22.02.2019	Gruhn, Andreas	Mordkommission ermittelt nach Brand in Eicken
[86]	**58**	Rheinische Post	23.03.2019	o. V.	Neusser stirbt nach Selbstverbrennung
[87]	**60**	Rheinische Post	13.04.2019	o. V.	Brandstiftung am Rhein
[88]	**61**	Rheinische Post	18.04.2019	Geilhausen, Stefani; Keß, Marlen	Drei Einsätze für die Spezialeinheit

[89]	**62**	Rheinische Post	18.04.2019	Geilhausen, Stefani; Keß, Marlen	Drei Einsätze für die Spezialeinheit
[90]	**63**	Rheinische Post	25.07.2019	o. V.	Rätsel um das Motiv "Mordlust"
[91]	**11**	Rheinische Post	31.07.2019	Nassoufis, Aliki; Trauner, Sandra	Mordverdächtiger war auf der Flucht
[92]	**64**	Rheinische Post	01.08.2019	o. V.	Geisitg verwirrter Mann greift Motorradpolizisten an
[93]	**65**	Rheinische Post	03.08.2019	o. V.	23 Autokennzeichen mutwillig abgerissen
[94]	**66**	Rheinische Post	03.09.2019	o. V.	Psychisch Kranker setzt Benzin in Brand und flieht
[95]	**67**	Rheinische Post	20.09.2019	Schoog, Heike	Hochhausdrama mit drei Verletzten
[96]	**68**	Rheinische Post	23.09.2019	Czyperek, Petra	Polizei überwältigt Verwirrten
[97]	**12**	Rheinische Post	21.11.2019	Mayntz, Gregor	Angriff auf von Weizsäcker "wahnbedingt"
[98]	**12**	Rheinische Post	22.11.2019	Giess, Daniela; Schwerdtfeger, Christian	Verleger war Zeuge bei Weizsäcker-Mord
[99]	**69**	Rheinische Post	12.12.2019	o. V.	Mann bedroht mehrere Menschen mit Messer
[100]	**69**	Rheinische Post	12.12.2019	o. V.	Syrer flieht mit Messer aus Psychiatrie

[101]	**70**	Rheinische Post	14.12.2019	Hauser, Claudia	Schuldner ersticht Stadtmitarbeiter
[102]	**70**	Rheinische Post	16.12.2019	Dpa, o. V.	Angriff auf Stadt-Mitarbeiter

Tabelle 3: Kategoriensystem[408]

Kategorie	Subkategorie	Definition	Ankerbsp.	Alle Fallbsp.	Quellenangabe der Definition
Psychische Störungen		Eine psychische Störung umfasst alle klinisch signifikanten Auffälligkeiten in Bezug auf die kognitiven Funktionen, das Verhalten und das Empfinden im Vergleich zu psychisch gesunden Menschen.			Vgl. Benecke 2014, S. 252ff.
	Hinweise auf psychische Störung	Im Artikel werden psychische Auffälligkeiten oder Anhaltspunkte für psychische Störungen beschrieben. Diese Hinweise sind im Artikel nicht näher klassifiziert.	"vermutlich psychisch kranken Mannes" Fall 6, Lfd. Nr. [9]	2, 3, 4, 5, 6, 7, 8, usw.	

[408] Vgl. Kuckartz (2018), S. 97ff.

	Alkohol- und Betäubungsmittelkonsum	Zusätzlich zu Angaben über psychische Auffälligkeiten sind im Artikel ebenfalls Hinweise über Alkohol- und Betäubungsmittelkonsum vorhanden. Dabei kann zunächst der Konsum nur als akute Intoxikation gewertet werden, außer es sind Informationen über eine dauerhafte Abhängigkeit vorhanden. Artikel ausschließlich mit Hinweisen auf Alkohol- und Betäubungsmittelkonsum wurden aufgrund der Suchparameter nicht erfasst.	"Der junge Mann sei außerdem alkoholisiert gewesen und habe sich in einer psychischen Ausnahmesituation befunden" Fall 33, Lfd. Nr. [52]	18, 22, 33, 37, 49, 52, 66, 67	Vgl. Krauthan 2013, S. 200ff.
	Wahnhafte Störungen	Diese psychischen Störungen umfassen alle Veränderungen in der Wahrnehmung, den Gefühlen und den Denkprozessen, welche einen Realitätsverlust nach sich ziehen. Als Symptome können Angstzustände, depressive Verstimmungen, Unruhe und Wahnvorstellungen auftreten. Eine wahnhafte Störung ist definiert als einzelne oder aufeinander bezogene Wahninhalte, welche über eine längere Zeit andauern und als dominierendes Symptom bestehen. Hingegen ist eine psychotische Störung eine akute Reaktion auf ein belastendes Erlebnis.	"in einen krankhaften Wahn gesteigert hat" Fall 12, Lfd. Nr. [15]	1, 12, 68	Vgl. Dilling et al. 2015, S. 141ff.

	Störung der Sexualpräferenz	Im Artikel sind Hinweise über eine Störung der Sexualpräferenz in Form von ungewöhnlichen sexuell erregenden Fantasien oder dranghaften Bedürfnissen, wie z.B. Pädophilie und Exhibitionismus.	"Vergewaltigung einer Elfjährigen" Fall 10, Lfd. Nr. [13]	10, 25	Vgl. Staud 2012, S. 53ff.
	Vorsätzliche Selbstbeschädigung	Die vorsätzliche Selbstbeschädigung beschreibt alle Handlungen mit selbstverletzendem Verhalten ohne suizidale Absicht sowie den Suizid als bewusste Handlung um den eigenen Tod herbeizuführen oder den Suizidversuch. Diese Subkategorie ist nach ICD-10 nicht den psychischen Störungen zugeordnet, allerdings tritt dieses Verhalten häufig in Kombination mit bestimmten psychischen Störungen auf.	"Der psychisch kranke Mann hatte offenbar zunächst die 81-Jährige und dann sich selbst umgebracht" Fall 9, Lfd. Nr. [12]	9, 19, 41, 47, 49, 51, 54, 58, 59, 62, 67	Vgl. Nedopil und Müller 2012, S. 330ff.

Einsatzanlass		Die Hauptkategorie Einsatzanlass umfasst die Handlungen der betroffenen Person, welche einen polizeilichen Einsatz ausgelöst haben. Die Situation und das Verhalten der Person führte dazu, dass andere Menschen wegen dem eigenen Angst- oder Ohnmachtsgefühl oder aus Sorge um den oder die Betroffene die Polizei und/ oder weitere Rettungskräfte informiert haben. Zunächst steht die Einordnung der Handlungen im Vordergrund und spezielle Einsatzanlässe, wie Straftaten im Rahmen einer Häuslichen Gewalt, werden mit dem Schlagwort versehen, aber erst anschließend berücksichtigt.			
	Angriff mit körperlicher Gewalt	Als physische Gewalt gelten alle gezielten Handlungen zur Verletzung der körperlichen Unversehrtheit, wie bspw. Schlagen, Spucken, Würgen. Dabei steht das Handeln als Aktion im Vordergrund und die Intention wird zunächst vernachlässigt, wie bei dem Stoß vor einen einfahrenden Zug.	"einen Mitarbeiter mit den Fäusten angegriffen" Fall 6, Lfd. Nr. [9]	5, 6, 11, 18,21, 22, 23, 45, 56, 62, 63, 82, 89, 90	Vgl. Fischer 2020, S. 1575ff.

	Angriff mit Waffe oder gefährlichem Gegenstand	Diese Subkategorie umfasst alle aggressiven Handlungen zur Verletzung der körperlichen Unversehrtheit mit einer Waffe oder einem gefährlichen Gegenstand. Eine Waffe ist ein Gegenstand, welcher dazu bestimmt ist Menschen bei der Verwendung erhebliche Verletzungen zuzufügen, wie z.B. Messer, Pistolen, Schwerter, Macheten. Gefährliche Gegenstände sind definiert als objektiv dazu beschaffen und nach der konkreten Verwendungsart geeignet, um erhebliche Gesundheitsschäden herbeizuführen. Beispiele sind Pfeil und Bogen, abgebrochene Glasflasche, spitze Gegenstände, Säure und Reizgaspatronen.	"schweren Stichverletzungen" Fall 2, Lfd. Nr. [4]	1, 2, 4, 8, 9, 12, 15, 16, 34, 36, 43, 44, 50, 53, 61, 67, 70	Vgl. Fahl und Winkler 2015, S. 85ff.

	Bedrohung mit Waffe oder gefährlichem Gegenstand	Laut Gesetzestext liegt eine Bedrohung vor, wenn ein Mensch mit der Begehung eines gegen ihn oder gegen eine nahestehende Person Verbrechens bedroht. Dabei stellt die Bedrohung ein abstraktes Gefährdungsdelikt dar, bei welchem das bestimmte Verhalten dazu führt, dass die Person glaubt, dass der Schaden auf diese Weise eintritt. Eine Waffe ist ein Gegenstand, welcher dazu bestimmt ist Menschen bei der Verwendung erhebliche Verletzungen zuzufügen, wie z.B. Messer, Pistolen, Schwerter, Macheten. Gefährliche Gegenstände sind definiert als objektiv dazu beschaffen und nach der konkreten Verwendungsart geeignet, um erhebliche Gesundheitsschäden herbeizuführen.	"Rettungskräfte mit Machete bedroht" Fall 24, Lfd. Nr. [39]	17, 24, 28, 29, 30, 33, 39, 42, 46, 49, 51, 62, 68, 69	Vgl. Fahl und Winkler 2015, S. 101, 85
	Geringfügige Straftaten oder Ordnungsstörungen	In dieser Kategorie sind alle Delikte mit einer geringen strafrechtlichen Relevanz aufgrund eines kleineren Schadens oder einer geringeren Intensität bei der Tatbegehung. Beleidigungen und Sachbeschädigung stellen bspw. Bagatelldelikte dar. Weiterhin sind geringfügige Ordnungswidrigkeiten wie Ruhestörung erfasst.	"[…] randalierte und Fahrgäste wüst beschimpfte." Fall 20, Lfd. Nr. [33]	14, 18, 20, 25, 31, 37, 38, 40, 45, 48, 49, 52, 55, 57, 65, 66	Vgl. Portmann o. J., o. S.

	Sexualdelikt	Als Sexualdelikt gelten alle Verhaltensweisen mit sexuellem Bezug, welche unter eine Strafnorm subsumiert werden können. Dies umfasst exhibitionistische Handlungen als dranghaftes Entblößen der Geschlechtsteile in der Öffentlichkeit, Pädophilie als sexuelle Anziehung von Kindern sowie Vergewaltigung und sexueller Missbrauch von Kindern.	"Vergewaltigung einer Elfjährigen" Fall 10, Lfd. Nr. [13]	10	Vgl. Nedopil und Müller 2012, S. 244ff., 288f.
	Branddelikt	Diese Subkategorie umfasst alle Straftaten im Zusammenhang mit einer vorsätzlichen oder fahrlässigen Entzündung eines Objekts. Dabei gilt das Inbrandsetzen und die damit verbundene Zerstörung von Gebäuden, Betriebsstätten und Wälder als Brandstiftung. Hingegen wird bspw. das Entzünden von Mülltonnen als Sachbeschädigung durch Feuer subsumiert.	"hatte Kraftstoff auf dem Gelände einer Tankstelle angezündet" Fall 66, Lfd. Nr. [94]	41, 59, 60, 66	Vgl. Fahl und Winkler 2015, S. 158ff.
	Verkehrsdelikt	Ein Verkehrsdelikt ist definiert als alle Zuwiderhandlungen gegen die Straßenverkehrsordnung in Form von Ordnungswidrigkeiten und Straftaten. Beispiele sind Verkehrsunfälle, Trunkenheit im Verkehr und überhöhte Geschwindigkeit.	" nach einem Verkehrsunfall" Fall 13, Lfd. Nr. [19]	1, 13, 18, 32, 33, 64	Vgl. Schöch 2009, S. 578ff.

	Geiselnahme	Geiselnahme ist definiert als Eingriff in die persönliche Freiheit von einer oder mehreren Personen zur Durchsetzung der persönlichen Ziele. Der Aufenthaltsort ist dabei bekannt und durch die Geiselnehmer werden Forderungen gestellt.	"Kinder als Geiseln genommen" Fall 17, Lfd. Nr. [30]	17	Vgl. Köthke 2003, S. 124
	Entweichung aus Psychiatrie	Diese untergeordnete Kategorie beinhaltet sowohl gewaltfreie als auch mit Gewalt durchgesetzte Verlassen einer Psychiatrie. Weiterhin werden Personen erfasst, welche von einem genehmigten Ausgang nicht zur vereinbarten Zeit zurückgekehrt sind und nun als flüchtig bzw. vermisst gelten.	"Aus einer geschlossenen Klinik im baden-württembergischen Calw sind vier psychisch kranke Straftäter geflohen." Fall 5, Lfd. Nr. [7]	3, 5, 14, 26, 31, 69	Vgl. § 20 Abs. 4 S. 2 MRVG

	Medizinischer Notfall	Ein medizinischer Notfall ist eine plötzlich eintretende Verletzung oder ein Ereignis, welches unmittelbar mit einer solchen Intensität subjektiv wahrgenommen wird, sodass eine schnelle Versorgung durch medizinisches Personal erforderlich ist. Hierbei sind Verletzungen durch autoaggressives Verhalten oder suizidale Handlungen ausgeschlossen.	"Rettungsdienst und Beamte seien zuvor von den Familienangehörigen des Mannes alarmiert worden. Dieser habe sich "psychisch auffällig verhalten"." Fall 27, Lfd. Nr. [45]	7, 24, 27, 39	Vgl. Lasogga und Gasch 2008, S. 19f.

	Autoaggressives Verhalten oder Suizid	Autoaggressives Verhalten umfasst alle Handlungen mit selbstverletzendem Verhalten ohne suizidale Absicht. Weiterhin ist der Suizid als bewusste Handlung um den eigenen Tod herbeizuführen, der Suizidversuch und die Drohung mit suizidalem Handeln miteingeschlossen. Beispiele sind Aufschneiden der Arme, Selbstanzündung, Brandstiftung in eigener Wohnung und Drohung mit einem Sprung aus großer Höhe. Der Mitnahmesuizid fällt sowohl in die Subkategorie Angriff mit Waffe oder gefährlichem Gegenstand als auch in diese Unterkategorie.	"Der psychisch kranke Mann hatte offenbar zunächst die 81-Jährige und dann sich selbst umgebracht." Fall 9, Lfd. Nr. [12]	9, 19, 35, 36, 41, 47, 49, 54, 58, 59, 62	Vgl. Benecke 2014, S. 290f.
	Häusliche Gewalt	Häusliche Gewalt umfasst alle Straftaten im Rahmen einer häuslichen Gemeinschaft und den dadurch in Beziehung stehenden Person, wie z. B. Lebenspartner, kürzlich getrennter Partner oder Kinder. Diese müssen u.a. in einer Wohnung leben oder gelebt haben.	"ihn sein Sohn in der gemeinsamen Wohnung bedrohe" Fall 42, Lfd. Nr. [64]	2, 4, 28, 42, 46, 62,	Vgl. Tegtmeyer und Vahle 2018, S. 326f.

Verhalten bei Interaktion mit PVB		Dies beschreibt den Kontakt zwischen den eintreffenden PVB und der betroffenen Person. Insbesondere soll die Veränderung des Verhaltens dargestellt werden, wie z.B. gezielter Angriff auf PVB, Flucht oder widerstandsloses Verhalten bei der Festnahme. Diese Informationen sind jedoch nur teilweise in den Zeitungsartikeln vorhanden.			
	Angriff mit körperlicher Gewalt	Als physische Gewalt gelten alle gezielten Handlungen zur Verletzung der körperlichen Unversehrtheit, wie bspw. Schlagen und Treten.	"fügte sie einem Polizisten leichtere Kratzwunden zu." Fall 52, Lfd. Nr. [74]	25, 41, 52, 64	Vgl. Fischer 2020, S. 1575ff.

	Angriff mit Waffe oder gefährlichem Gegenstand	Diese Subkategorie umfasst alle aggressiven Handlungen zur Verletzung der körperlichen Unversehrtheit mit einer Waffe oder einem gefährlichen Gegenstand. Eine Waffe ist ein Gegenstand, welcher dazu bestimmt ist Menschen bei der Verwendung erhebliche Verletzungen zuzufügen, wie z.B. Messer, Pistolen, Schwerter, Macheten. Gefährliche Gegenstände sind definiert als objektiv dazu beschaffen und nach der konkreten Verwendungsart geeignet, um erhebliche Gesundheitsschäden herbeizuführen. Beispiele sind Pfeil und Bogen, abgebrochene Glasflasche, spitze Gegenstände, Säure und Reizgaspatronen. Dazu zählt ebenfalls Schussabgabe in die Luft.	"Als die Beamten den Raum betraten, habe der Mann ein Messer gezogen und eine Polizistin im Gesicht verletzt" Fall 6, Lfd. Nr. [9]	6, 13, 47, 51	Vgl. Fahl und Winkler 2015, S. 85ff.

	Bedrohung mit Waffe oder gefährlichem Gegenstand	Diese Subkategorie umfasst alle aggressiven Handlungen zur Verletzung der körperlichen Unversehrtheit mit einer Waffe oder einem gefährlichen Gegenstand. Eine Waffe ist ein Gegenstand, welcher dazu bestimmt ist Menschen bei der Verwendung erhebliche Verletzungen zuzufügen, wie z.B. Messer, Pistolen, Schwerter, Macheten. Gefährliche Gegenstände sind definiert als objektiv dazu beschaffen und nach der konkreten Verwendungsart geeignet, um erhebliche Gesundheitsschäden herbeizuführen. Beispiele sind Pfeil und Bogen, abgebrochene Glasflasche, spitze Gegenstände, Säure und Reizgaspatronen.	"diesen bedrohte und dabei ein Messer in der Hand hielt" Fall 68, Lfd. Nr. [96]	27, 40, 61, 67, 68	Vgl. Fahl und Winkler 2015, S. 101, 85
	Widerstand	Widerstand ist definiert als aktive Handlung gegen einen PVB oder anderen Amtsträger, um die Durchführung einer Diensthandlung zu erschweren oder zu unterbinden.	"leistete die junge Frau erheblichen Widerstand." Fall 52, Lfd. Nr. [74]	49, 52, 56	Vgl. Fahl und Winkler 2015, S. 43f.

	Verbarrikadieren	Dies meint das Zurückziehen in eine umschlossene Örtlichkeit, um sich vor der Einwirkung durch andere Personen zu entziehen, bspw. in ein Haus oder ein Zimmer.	"Als die ersten Streifenbesatzungen eintrafen, zog sich der offenbar psychisch belastete Mann allein in einen Raum zurück." Fall 51, Lfd. Nr. [73]	14, 40, 51, 54	
	Flucht	Diese Subkategorie beschreibt das Verlassen eines Ortes, um sich dem polizeilichen Zugriff oder dem Festhalten durch andere Personen zu entziehen. Die Flucht kann z. B. mittels Pkw oder zu Fuß erfolgen.	"anschließend mit dem Auto davongefahren sein." Fall 33, Lfd. Nr. 52	33, 37, 66, 69	
	Widerstandsloses Verhalten	Die betroffene Person verhält sich passiv und befolgt die Anweisungen der PVB, sodass z. B. eine widerstandlose Festnahme möglich ist.	"ließ sich widerstandslos festnehmen" Fall 42, Lfd. Nr. [64]	4, 29, 42, 43, 47, 54	

	Autoaggressives Verhalten oder Suizid	Autoaggressives Verhalten umfasst alle Handlungen mit selbstverletzendem Verhalten ohne suizidale Absicht. Weiterhin ist der Suizid als bewusste Handlung um den eigenen Tod herbeizuführen, der Suizidversuch und die Drohung mit suizidalem Handeln miteingeschlossen. Beispiele sind Aufschneiden der Arme und Drohung mit einem Sprung aus großer Höhe.	"sich mit dem Messer selbst zu verletzten" Fall 51, Lfd. Nr. [73]	27, 40, 41, 47, 51, 67	Vgl. Nedopil und Müller 2012, S. 330ff.
Polizeiliche Maßnahmen		Polizeiliche Maßnahmen sind definiert als alle Handlungen von PVB zur Durchsetzung der hoheitlichen Aufgaben. Diese umfassen insbesondere alle Maßnahmen zur Gefahrenabwehr und zur Strafverfolgung. Insbesondere werden alle Handlungen mit der körperlichen Einwirkung auf andere Personen erfasst. Dabei sind Maßnahmen, wie bspw. Identitätsfeststellung oder Blutprobe, nicht erfasst.			
	Einsatz von körperlicher Gewalt	Körperliche Gewalt ist definiert als Anwendung von körperlicher Kraft gegen eine Person, um eine polizeiliche Maßnahme durchzusetzen.	"Ihr Kollege und der Onkel hätten den Angreifer zwar entwaffnen können" Fall 6, Lfd. Nr. [9]	6, 39, 56, 57, 64	Vgl. Tegtmeyer und Vahle 2018, S. 448

	Einsatz von Reizstoffsprühgerät	Dies beschreibt die Nutzung des Reizstoffsprühgerätes als Hilfsmittel der körperlichen Gewalt, um eine Person angriffsunfähig zu machen.	"Weil der Angreifer nicht mit Pfefferspray habe gestoppt werden können" Fall 13, Lfd. Nr. [19]	13, 64, 69	Vgl. Tegtmeyer und Vahle 2018, S. 449f.
	Einsatz von Distanz-Elektroimpulsgerät	Distanz-Elektroimpulsgeräte (Taser) dienen als Distanzwaffe dazu Personen durch einen Elektroschock angriffsunfähig zu machen.	"Taser-Einsatz " Fall 7, Lfd. Nr. [10]	7	Vgl. Tannert o. J., S. 1f.
	Einsatz von Schusswaffe	Für den Einsatz der Schusswaffe gilt eine besondere Prüfung der Verhältnismäßigkeit. Diese kann grundsätzlich gegen Personen und Sachen eingesetzt werden.	"hätten beide Beamte geschossen. Mehrere Kugeln trafen den 32-Jährigen." Fall 13, Lfd. Nr. [19]	13, 27, 51	Vgl. Schütte et al. 2016, S. 227

	Fixierung mit Handfesseln	Diese Unterkategorie umfasst alle polizeilichen Handlungen, bei welchen eine Person durch die Fesseln als Hilfsmittel der körperlichen Gewalt fixiert wurde.	"Dort steigerte er sich wieder in einen Wutanfall hinein und musste deshalb gefesselt werden." Fall 20, Lfd. Nr. [33]	6, 20, 25, 39, 49, 57, 64	Vgl. Tegtmeyer und Vahle 2018, S. 459ff.
	Freiheitsentziehende Maßnahmen	Diese Maßnahmen stellen einen Eingriff in die Freiheit der Person dar. Vorliegend werden alle freiheitsentziehenden Maßnahmen ohne eine rechtliche Bewertung in Abhängigkeit von der Dauer und Zielrichtung der Maßnahme erfasst. Beispiele sind die Ingewahrsamnahme zur Gefahrenabwehr und die Festnahme zur Strafverfolgung. Dies umfasst jedoch auch das kurzfristige Festhalten zur Identitätsfeststellung oder das Zuführen zu einer psychiatrischen Einrichtung mit polizeilicher Begeleitung.	"Mittlerweile wurden sie wieder festgenommen" Fall 5, Lfd. Nr. [7]	1, 4, 11, 12, 15, 17, 20, 29, 37, 40, 41, 42, 43, 62, usw.	Vgl. Kugelmann 2012, S. 139f.

	Einsatz von Spezialeinheiten	Diese umfasst sowohl den Einsatz von einem Spezialeinsatzkommando (SEK) als auch einer Verhandlungsgruppe und weiteren spezialisierten Einheiten. Das SEK wird bei besonders gewalttätigen oder bewaffneten Personen eingesetzt, um einen Zugriff durchzuführen. Die Verhandlungsgruppe übernimmt die Kommunikation zwischen der betroffenen Person, von welcher aufgrund ihres psychischen Zustandes eine akute Gefahr ausgeht, oder dem Straftäter. Häufig ist das Ziel die Person zur Aufgabe, bspw. bei einer Geiselnahme, oder zum Ablegen der Waffen zu bewegen, ohne dass jemand verletzt wird.	"Sämtliche Versuche der Verhandlungsgruppe, den 35-Jährigen zum Aufgeben zu bewegen, schlugen fehl" Fall 51, Lfd. Nr. [73]	14, 17, 29, 33, 40, 47, 51, 54, 61, 62, 67, 68	Vgl. Ministerium des Innern des Landes NRW o.J., o.S.

	Verfolgungsfahrt	Dies wird als Nachfahrt durch die Polizei verstanden, wobei sowohl der oder die Verfolgte als auch die Polizei teilweise hohe Risiken für sich und andere hinnehmen.	"Dort traf er auf die bereits alarmierten Beamten, drehte um und flüchtete in Richtung Düsseldorf. Dabei beging er mehrere waghalsige Wendemanöver auf der Straße und fuhr über rote Ampeln." Fall 66, Lfd. Nr. [94]	32, 33, 66, 69	Vgl. Lorei 2012, 138ff.
	Fahndung	Fahndung ist definiert als allgemeine oder gezielte Suche nach Personen oder Gegenständen im Rahmen der Gefahrenabwehr oder zur Strafverfolgung, z. B. nach einem Verbrechen.	"die Polizei mit. Sie fahndet mit Foto und vollem Namen nach dem Mann." Fall 3, Lfd. Nr. [5]	3, 4, 26, 31, 47	Vgl. Bundeskriminaltamt 2016, o. S.

Verbleib der Person		Diese Kategorie umfasst alle Orte, an welchen sich eine Person freiwillig oder zwangsweise aufhalten kann, sowie den Tod als Zustand nach dem Sterbeprozess.			
	Polizeigewahrsam	Der Verbleib der Person im Polizeigewahrsam bezeichnet den physischen Aufenthaltsort. Dieser umfasst daher sowohl präventive als auch repressive Freiheitsentziehungen, da keine rechtliche Bewertung vorgenommen wird. Dies erfasst auch den kurzzeitigen Aufenthalt.	"Auf dem Kommissariat nahmen ihm die Polizisten die Fesseln ab und wollten ihn in eine Zelle bringen" Fall 6, Lfd. Nr. [9]	6, 39	Vgl. Kugelmann 2012, S. 139f.
	Psychiatrie	Psychiatrie umfasst alle freiwilligen und zwangsweise durchgesetzten Aufenthalte in einer Einrichtung, in welcher psychische Störungen behandelt werden. Dies beinhaltet das Verbleiben in einem Krankenhaus mit psychiatrischer Abteilung oder einer Forensik. Zusätzlich ist die einstweilige Unterbringung durch einen richterlichen Beschluss inkludiert.	"Unterbringung gemäß dem Psychisch-Kranken-Hilfe-Gesetz in einem Krankenhaus." Fall 20, Lfd. Nr. [33]	2,4,5 usw.	Vgl. Nedopil und Müller 2012, S. 43ff., 92ff.

	Justizvollzugsanstalt	Ein Ermittlungsrichter kann vor dem Gerichtsprozess u. a. aufgrund der Schwere der Tat oder anhaltender Gefährdung Untersuchungshaft beschließen und diese wird in einer Justizvollzugsanstalt vollzogen.	"Der Beschuldigte befindet sich in Untersuchungshaft" Fall 63, Lfd. Nr. [90]	1, 11, 44, 63	Vgl. § 126a StPO
	Krankenhaus	Bei der Verbringung und dem Aufenthalt im Krankenhaus steht die medizinische Versorgung von Verletzungen im Vordergrund.	" plötzlich einen Herz- und Atemstillstand erlitten. Der Mann sei unter Reanimationsmaßnahmen ins UKE gebracht worden." Fall 6, Lfd. Nr. [9]	6, 7, 13, 19, 27, 40, 49, 58, 59, 62	
	Tod	Als Tod bezeichnet man den Zustand nach dem Versterben, bei welchem alle körperlichen Funktionen erloschen sind.	"Die Polizei bestätigte den Tod des vermutlich psychisch kranken Mannes" Fall 6, Lfd. Nr. [9]	6, 7, 9, 13, 19, 27, 36, 58	

	Unbekannter Aufenthaltsort	Diese Subkategorie umfasst alle Personen, welche flüchtig oder vermisst sind, sowie die Fälle, bei welchem der Aufenthaltsort nicht in den Artikeln genannt wird.	"Mörder ist am Sonntag nach einem Ausgang nicht in die geschlossene Psychiatrie in Köln zurückgekehrt." Fall 3, Lfd. Nr. [5]	3, 15, 16, 17, 22, 26, 31, 55	

Tabelle 4: Liste der codierten Fälle[409]

Lfd. Nr.	**Fallnr.**	**Psychische Störungen**	**Einsatzanlass**	**Verhalten bei Interaktion mit PVB**	**Polizeiliche Maßnahmen**	**Verbleib der Person**
[1, 2 ,3, 8, 20, 21, 80,81]	**1**	Wahnhafte Störung	Angriff mit Waffe oder gefährlichem Gegenstand, Verkehrsdelikt		Freiheitsentziehende Maßnahmen	Psychiatrie

[409] Eigene Darstellung

[4]	**2**	Hinweise auf psychische Störung	Angriff mit Waffe oder gefährlichem Gegenstand, Häusliche Gewalt		Freiheitsentziehende Maßnahmen	Psychiatrie
[5]	**3**	Hinweise auf psychische Störung	Entweichung aus Psychiatrie		Fahndung	Unbekannter Aufenthaltsort
[6, 36, 37]	**4**	Hinweise auf psychische Störung	Angriff mit Waffe oder gefährlichem Gegenstand, Häusliche Gewalt	Widerstandsloses Verhalten	Fahndung, Freiheitsentziehende Maßnahmen	Psychiatrie
[7]	**5**	Hinweise auf psychische Störung	Entweichung aus Psychiatrie, Angriff mit körperlicher Gewalt		Fahndung, Freiheitsentziehende Maßnahmen	Psychiatrie
[9, 24]	**6**	Hinweise auf psychische Störung	Angriff mit körperlicher Gewalt	Angriff mit Waffe oder gefährlichem Gegenstand	Einsatz von körperlicher Gewalt, Fixierung mit Handfesseln, Freiheitsentziehende Maßnahmen	Polizeigewahrsam, Krankenhaus, Tod
[10]	**7**	Hinweise auf psychische Störung	Medizinischer Notfall		Einsatz von Distanzelektroimpulsgerät	Krankenhaus, Tod

[11, 25]	**8**	Hinweise auf psychische Störung	Angriff mit Waffe oder gefährlichem Gegenstand		Freiheitsentziehende Maßnahmen	Psychiatrie
[12]	**9**	Vorsätzliche Selbstbeschädigung	Angriff mit Waffe oder gefährlichem Gegenstand, Autoaggressives Verhalten oder Suizid			Tod
[13, 56]	**10**	Störung der Sexualpräferenz	Sexualstraftat		Freiheitsentziehende Maßnahmen	Psychiatrie
[14, 26, 27, 28, 42, 44, 76, 97, 98]	**11**	Hinweise auf psychische Störung	Angriff mit körperlicher Gewalt		Freiheitsentziehende Maßnahmen	Justizvollzugsanstalt
[15, 16, 17, 18, 44, 76, 97, 98]	**12**	Wahnhafte Störung	Angriff mit Waffe oder gefährlichem Gegenstand		Freiheitsentziehende Maßnahmen	Psychiatrie
[19, 79]	**13**	Hinweise auf psychische Störung	Verkehrsdelikt	Angriff mit Waffe oder gefährlichem Gegenstand	Einsatz von Reizstoffsprühgerät, Einsatz von Schusswaffe	Krankenhaus,Tod

[22]	**14**	Hinweise auf psychische Störung	Entweichung aus Psychiatrie, Geringfügige Straftaten oder Ordnungsstörungen	Verbarrikadieren	Einsatz von Spezialeinheiten, Freiheitsentziehende Maßnahmen	Psychiatrie
[23]	**15**	Hinweise auf psychische Störung	Angriff mit Waffe oder gefährlichem Gegenstand		Freiheitsentziehende Maßnahmen	Unbekannter Aufenthaltsort
[29]	**16**	Hinweise auf psychische Störung	Angriff mit Waffe oder gefährlichem Gegenstand		Freiheitsentziehende Maßnahmen	Unbekannter Aufenthaltsort
[30]	**17**	Hinweise auf psychische Störung	Geiselnahme, Bedrohung mit Waffe oder gefährlichem Gegenstand		Einsatz von Spezialeinheiten, Freiheitsentziehende Maßnahmen	Unbekannter Aufenthaltsort
[31]	**18**	Hinweise auf psychische Störung, Betäubungsmittelkonsum	Angriff mit körperlicher Gewalt, Geringfügige Straftaten oder Ordnungsstörungen, Verkehrsdelikt		Freiheitsentziehende Maßnahmen	Psychiatrie
[32, 83.1]	**19**	Vorsätzliche Selbstbeschädigung	Autoaggressives Verhalten oder Suizid			Krankenhaus, Tod

[33]	**20**	Hinweise auf psychische Störung	Geringfügige Straftaten oder Ordnungsstörungen		Fixierung mit Handfesseln, Freiheitsentziehende Maßnahmen	Psychiatrie
[34]	**21**	Hinweise auf psychische Störung	Angriff mit körperlicher Gewalt			Psychiatrie
[35]	**22**	Hinweise auf psychische Störung, Alkohol- und Betäubungsmittelkonsum	Angriff mit körperlicher Gewalt		Freiheitsentziehende Maßnahmen	Unbekannter Aufenthaltsort
[38]	**23**	Hinweise auf psychische Störung	Angriff mit körperlicher Gewalt			Psychiatrie
[39]	**24**	Hinweise auf psychische Störung	Medizinischer Notfall, Bedrohung mit Waffe oder gefährlichem Gegenstand		Freiheitsentziehende Maßnahmen	Psychiatrie
[40]	**25**	Störung der Sexualpräferenz	Geringfügige Straftaten oder Ordnungsstörungen	Angriff mit körperlicher Gewalt	Fixierung mit Handfesseln, Freiheitsentziehende Maßnahmen	Psychiatrie

[41]	**26**	Hinweise auf psychische Störung	Entweichung aus Psychiatrie		Fahndung	Unbekannter Aufenthaltsort
[45]	**27**	Vorsätzliche Selbstbeschädigung	Medizinischer Notfall	Autoaggressives Verhalten oder Suizid, Bedrohung mit Waffe oder gefährlichem Gegenstand	Einsatz von Schusswaffe	Krankenhaus, Tod
[46]	**28**	Hinweise auf psychische Störung	Bedrohung mit Waffe oder gefährlichem Gegenstand, Häusliche Gewalt		Freiheitsentziehende Maßnahmen	Psychiatrie
[47, 48]	**29**	Hinweise auf psychische Störung	Bedrohung mit Waffe oder gefährlichem Gegenstand	Widerstandsloses Verhalten	Einsatz von Spezialeinheiten, Freiheitsentziehende Maßnahmen	Psychiatrie
[49]	**30**	Hinweise auf psychische Störung	Geringfügige Straftaten und Ordnungsstörungen, Bedrohung mit Waffe oder gefährlichem Gegenstand		Freiheitsentziehende Maßnahmen	Psychiatrie

[50]	**31**	Hinweise auf psychische Störung	Entweichung aus Psychiatrie, Geringfügige Straftaten oder Ordnungsstörungen		Fahndung	Unbekannter Aufenthaltsort
[51]	**32**	Hinweise auf psychische Störung	Verkehrsdelikt	Flucht	Verfolgungsfahrt	Psychiatrie
[52]	**33**	Hinweise auf psychische Störung, Alkoholkonsum	Bedrohung mit Waffe oder gefährlichem Gegenstand, Verkehrsdelikt	Flucht	Verfolgungsfahrt, Einsatz von Spezialeinheiten, Freiheitsentziehende Maßnahmen	Psychiatrie
[53]	**34**	Hinweise auf psychische Störung	Angriff mit Waffe oder gefährlichem Gegenstand		Freiheitsentziehende Maßnahmen	Psychiatrie
[54]	**35**	Vorsätzliche Selbstbeschädigung	Autoaggressives Verhalten oder Suizid		Freiheitsentziehende Maßnahmen	Psychiatrie
[55]	**36**	Vorsätzliche Selbstbeschädigung	Angriff mit Waffe oder gefährlichem Gegenstand, Autoaggressives Verhalten oder Suizid			Tod

[57]	**37**	Hinweise auf psychische Störung, Alkoholkonsum	Geringfügige Straftaten oder Ordnungsstörungen		Fahndung, Freiheitsentziehende Maßnahmen	Psychiatrie
[58]	**38**	Hinweise auf psychische Störung	Geringfügige Straftaten oder Ordnungsstörungen		Freiheitsentziehende Maßnahmen	Psychiatrie
[59]	**39**	Hinweise auf psychische Störung	Bedrohung mit Waffe oder gefährlichem Gegenstand		Einsatz von körperlicher Gewalt, Fixierung durch Handfesseln, Freiheitsentziehende Maßnahmen	Polizeigewahrsam, Psychiatrie
[62]	**40**	Vorsätzliche Selbstbeschädigung	Geringfügige Straftaten oder Ordnungsstörungen	Bedrohung mit Waffe oder gefährlichem Gegenstand, Autoaggressives Verhalten oder Suizid, Verbarrikadieren	Einsatz von Spezialeinheiten, Freiheitsentziehende Maßnahmen	Krankenhaus

[63]	**41**	Vorsätzliche Selbstbeschädigung	Autoaggressives Verhalten oder Suizid, Geringfügige Straftaten oder Ordnungsstörungen	Autoaggressives Verhalten oder Suizid, Angriff mit körperlicher Gewalt	Freiheitsentziehende Maßnahmen	Psychiatrie
[64]	**42**	Hinweise auf psychische Störung	Bedrohung mit Waffe oder gefährlichem Gegenstand, Häusliche Gewalt	Widerstandsloses Verhalten	Freiheitsentziehende Maßnahmen	Psychiatrie
[65]	**43**	Hinweise auf psychische Störung	Angriff mit Waffe oder gefährlichem Gegenstand	Widerstandsloses Verhalten	Freiheitsentziehende Maßnahmen	Psychiatrie
[66]	**44**	Hinweise auf psychische Störung	Angriff mit Waffe oder gefährlichem Gegenstand		Freiheitsentziehende Maßnahmen	Justizvollzugsanstalt, Psychiatrie
[67]	**45**	Hinweise auf psychische Störung	Angriff mit körperlicher Gewalt, Geringfügige Straftaten oder Ordnungsstörungen		Freiheitsentziehende Maßnahmen	Psychiatrie
[68]	**46**	Hinweise auf psychische Störung	Bedrohung mit Waffe oder gefährlichem Gegenstand, Häusliche Gewalt			Psychiatrie

[69]	**47**	Vorsätzliche Selbstbeschädigung	Autoaggressives Verhalten oder Suizid	Autoaggressives Verhalten oder Suizid, Angriff mit Waffe oder gefährlichem Gegenstand, Widerstandsloses Verhalten	Fahndung, Einsatz von Spezialeinheiten, Freiheitsentziehende Maßnahmen	Psychiatrie
[70]	**48**	Hinweise auf psychische Störung	Geringfügige Straftaten oder Ordnungsstörungen		Freiheitsentziehende Maßnahmen	Psychiatrie
[71]	**49**	Vorsätzliche Selbstbeschädigung Alkoholkonsum	Autoaggressives Verhalten oder Suizid, Bedrohung mit Waffe oder gefährlichem Gegenstand, Geringfügige Straftaten oder Ordnungsstörungen	Widerstand	Fixierung mit Handfesseln, Freiheitsentziehende Maßnahmen	Krankenhaus, Psychiatrie
[72]	**50**	Hinweise auf psychische Störung	Angriff mit Waffe oder gefährlichem Gegenstand		Freiheitsentziehende Maßnahmen	Psychiatrie

[73]	**51**	Vorsätzliche Selbstbeschädigung	Bedrohung mit Waffe oder gefährlichem Gegenstand	Verbarrikadieren, Autoaggressives Verhalten oder Suizid, Angriff mit Waffe oder gefährlichem Gegenstand	Einsatz von Spezialeinheiten, Einsatz der Schusswaffe	Psychiatrie
[74]	**52**	Hinweise auf psychische Störung, Alkoholkonsum	Geringfügige Straftaten oder Ordnungsstörungen	Widerstand, Angriff mit körperlicher Gewalt	Freiheitsentziehende Maßnahmen	Psychiatrie
[75]	**53**	Hinweise auf psychische Störung	Angriff mit Waffe oder gefährlichem Gegenstand		Freiheitsentziehende Maßnahmen	Psychiatrie
[77]	**54**	Vorsätzliche Selbstbeschädigung	Autoaggressives Verhalten oder Suizid	Verbarrikadieren, Widerstandsloses Verhalten	Einsatz von Spezialeinheiten	Psychiatrie
[78]	**55**	Hinweise auf psychische Störung	Geringfügige Straftaten oder Ordnungsstörungen			Unbekannter Aufenthaltsort
[82]	**56**	Hinweise auf psychische Störung	Angriff mit körperlicher Gewalt	Widerstand	Einsatz von körperlicher Gewalt, Freiheitsentziehende Maßnahmen	Psychiatrie

[83.2]	**57**	Hinweise auf psychische Störung	Geringfügige Straftaten oder Ordnungsstörungen		Einsatz von körperlicher Gewalt, Fixierung durch Handfesseln, Freiheitsentziehende Maßnahmen	Psychiatrie
[84, 86]	**58**	Vorsätzliche Selbstbeschädigung	Autoaggressives Verhalten oder Suizid			Krankenhaus, Tod
[85]	**59**	Vorsätzliche Selbstbeschädigung	Branddelikt, Autoaggressives Verhalten oder Suizid			Krankenhaus
[87]	**60**	Hinweise auf psychische Störung	Branddelikt			Psychiatrie
[88]	**61**	Hinweise auf psychische Störung	Angriff mit Waffe oder gefährlichem Gegenstand	Bedrohung mit Waffe oder gefährlichem Gegenstand	Einsatz von Spezialeinheiten, Freiheitsentziehende Maßnahmen	Psychiatrie

[89]	**62**	Vorsätzliche Selbstbeschädigung	Bedrohung mit Waffe oder gefährlichem Gegenstand, Angriff mit körperlicher Gewalt, Autoaggressives Verhalten oder Suizid, Häusliche Gewalt		Fahndung, Einsatz von Spezialeinheiten, Freiheitsentziehende Maßnahmen	Krankenhaus
[90]	**63**	Hinweise auf psychische Störung	Angriff mit körperlicher Gewalt		Freiheitsentziehende Maßnahmen	Justizvollzugsanstalt
[92]	**64**	Hinweise auf psychische Störung	Verkehrsdelikt	Angriff mit körperlicher Gewalt	Einsatz von Reizstoffsprühgerät, Einsatz von körperlicher Gewalt, Fixierung durch Handfesseln	Psychiatrie
[93]	**65**	Hinweise auf psychische Störung	Geringfügige Straftaten oder Ordnungsstörungen		Freiheitsentziehende Maßnahmen	Psychiatrie

[94]	**66**	Hinweise auf psychische Störung, Alkohol- und Betäubungsmittel-konsum	Branddelikt, Verkehrsdelikt	Flucht	Verfolgungsfahrt, Freiheitsentziehende Maßnahmen	Psychiatrie
[95]	**67**	Vorsätzliche Selbstbeschädigung, Betäubungsmittelkonsum	Angriff mit Waffe oder gefährlichem Gegenstand	Bedrohung mit Waffe oder gefährlichem Gegenstand, Autoaggressives Verhalten oder Suizid	Einsatz von Spezialeinheiten, Freiheitsentziehende Maßnahmen	Psychiatrie
[96]	**68**	Wahnhafte Störung	Bedrohung mit Waffe oder gefährlichem Gegenstand	Bedrohung mit Waffe oder gefährlichem Gegenstand	Einsatz von Spezialeinheiten, Freiheitsentziehende Maßnahmen	Psychiatrie
[99]	**69**	Hinweise auf psychische Störung	Entweichung aus Psychiatrie, Bedrohung mit Waffe oder gefährlichem Gegenstand	Flucht	Verfolgungsfahrt, Einsatz von Reizstoffsprühgerät, Freiheitsentziehende Maßnahmen	Psychiatrie
[101, 102]	**70**	Hinweise auf psychische Störung	Angriff mit Waffe oder gefährlichem Gegenstand		Freiheitsentziehende Maßnahmen	Psychiatrie

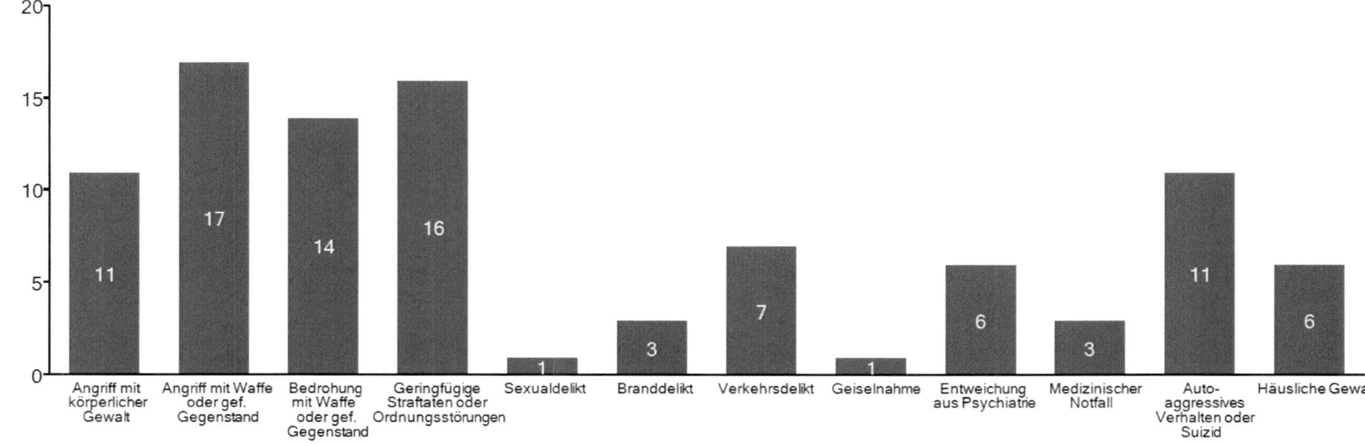

Abbildung 4: Häufigkeitsverteilung der Kategorie Einsatzanlässe[410]

410 Eigene Darstellung

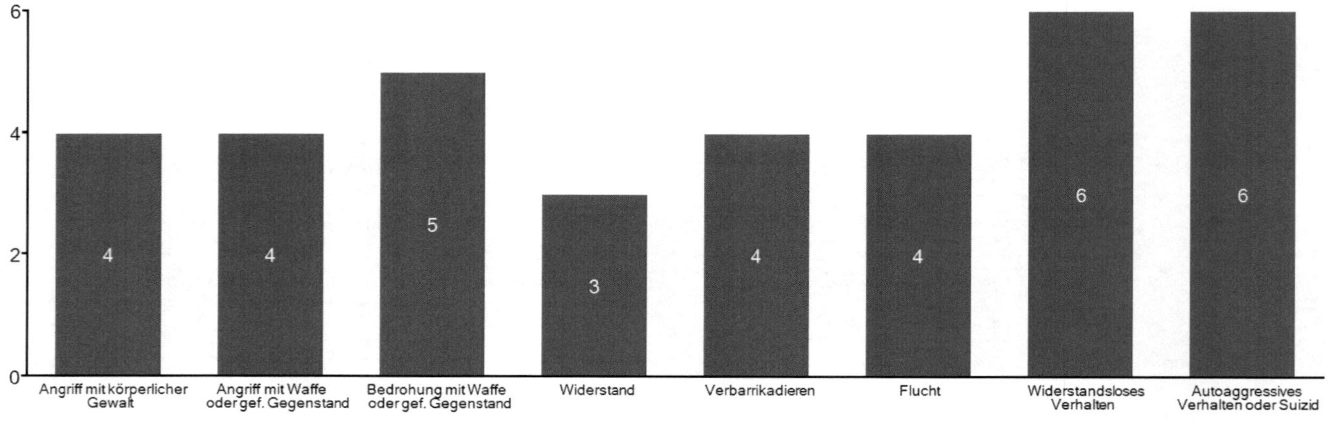

Abbildung 5: Häufigkeitsverteilung der Kategorie Verhalten bei Interaktion[411]

[411] Eigene Darstellung

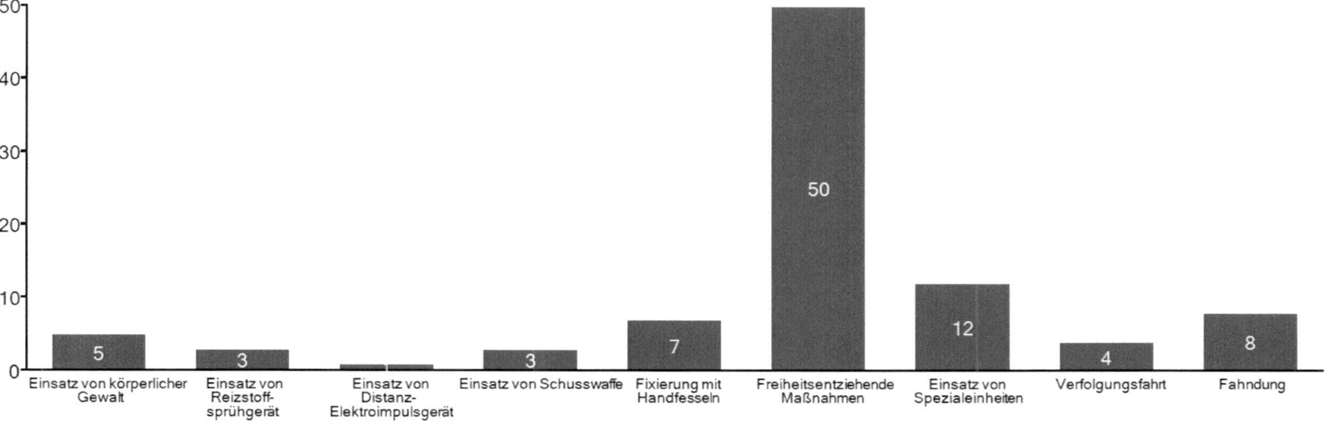

Abbildung 6: Häufigkeitsverteilung der Kategorie polizeiliche Maßnahmen[412]

412 Eigene Darstellung

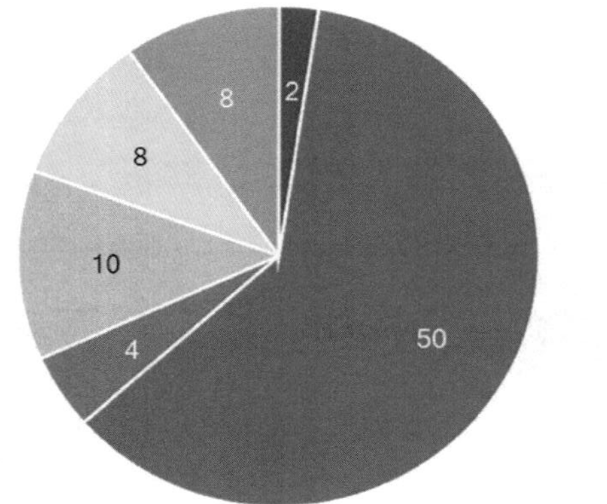

Abbildung 7: Häufigkeitsverteilung der Kategorie Verbleib der Person[413]

[413] Eigene Darstellung

Tabelle 5: Häufigkeitsverteilung aller Kategorien[414]

Kategorie	**Subkategorie**	**Anzahl der Fälle**
Psychische Störungen		
	Hinweise auf psychische Störung	50
	Alkohol- und Betäubungsmittelkonsum	8
	Wahnhafte Störungen	3
	Störung der Sexualpräferenz	2
	Vorsätzliche Selbstbeschädigung	15
Einsatzanlass		
	Angriff mit körperlicher Gewalt	11
	Angriff mit Waffe oder gefährlichem Gegenstand	17
	Bedrohung mit Waffe oder gefährlichem Gegenstand	14
	Geringfügige Straftaten oder Ordnungsstörungen	16
	Sexualdelikt	1
	Branddelikt	3
	Verkehrsdelikt	7
	Geiselnahme	1
	Entweichung aus Psychiatrie	6
	Medizinischer Notfall	3
	Autoaggressives Verhalten oder Suizid	11
	Häusliche Gewalt	6

[414] Eigene Darstellung

Verhalten bei Interaktion mit PVB		
	Angriff mit körperlicher Gewalt	4
	Angriff mit Waffe oder gefährlichem Gegenstand	4
	Bedrohung mit Waffe oder gefährlichem Gegenstand	5
	Widerstand	3
	Verbarrikadieren	4
	Flucht	4
	Widerstandsloses Verhalten	6
	Autoaggressives Verhalten oder Suizid	6
Polizeiliche Maßnahmen		
	Einsatz von körperlicher Gewalt	5
	Einsatz von Reizstoffsprühgerät	3
	Einsatz von Distanzelektroimpulsgerät	1
	Einsatz von Schusswaffe	3
	Fixierung mit Handfesseln	7
	Freiheitsentziehende Maßnahmen	50
	Einsatz von Spezialeinheiten	12
	Verfolgungsfahrt	4
	Fahndung	8
Verbleib der Person		
	Polizeigewahrsam	2
	Psychiatrie	50
	Justizvollzugsanstalt	4

	Krankenhaus	10
	Tod	8
	Unbekannter Aufenthaltsort	8

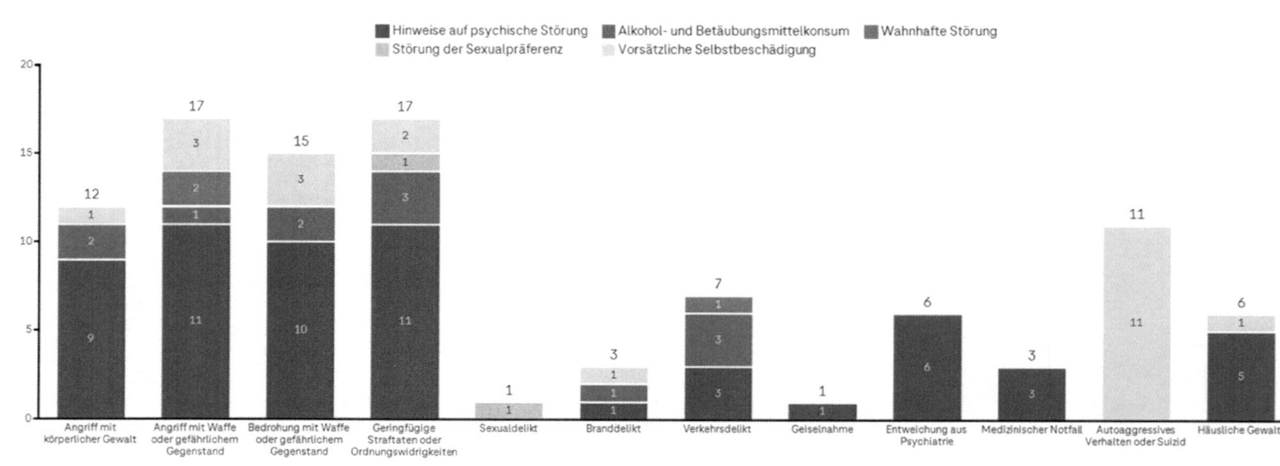

Abbildung 8: Korrelation zwischen psychischer Störung und Einsatzanlass[415]

[415] Eigene Darstellung

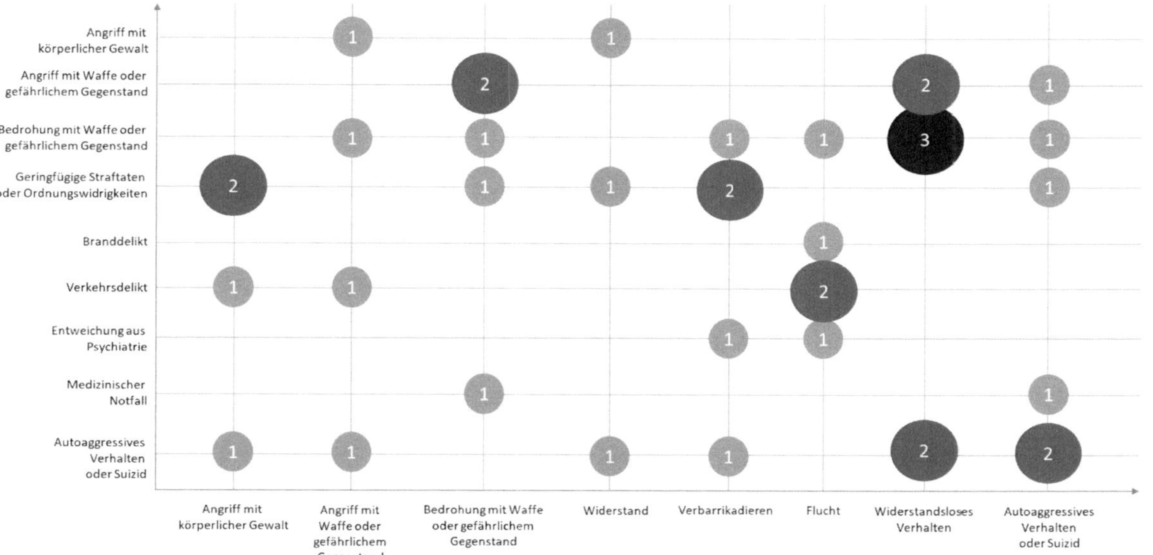

Abbildung 9: Korrelation zwischen Einsatzanlass und Verhalten bei Interaktion mit Polizeibeamten[416]

---

416 Eigene Darstellung, Die Einsatzanlässe Sexualdelikt, Geiselnahme und Häusliche Gewalt wurden ausgelassen, da bei diesen keine Informationen über eine Korrelation vorlagen.

Eidesstaatliche Erklärung

Hiermit versichere ich, dass ich das vorliegende Buch selbständig verfasst und keine anderen als die angegebenen Quellen und Hilfsmittel benutzt habe. Alle Ausführungen, die anderen Schriften wörtlich oder sinngemäß entnommen wurden, sind kenntlich gemacht.

Rühl

Sankt Augustin, 12.09.2021